基于大数据、云计算背景的智慧校园建设研究

李忠武 杨 增 著

北京工业大学出版社

图书在版编目（CIP）数据

基于大数据、云计算背景的智慧校园建设研究 / 李忠武，杨增著． — 北京：北京工业大学出版社，2020.12（2022.1 重印）

ISBN 978-7-5639-7802-1

Ⅰ．①基… Ⅱ．①李… ②杨… Ⅲ．①智能技术—应用—高等学校—学校管理—研究 Ⅳ．① G647-39

中国版本图书馆 CIP 数据核字（2020）第 268485 号

基于大数据、云计算背景的智慧校园建设研究

JIYU DASHUJU、YUNJISUAN BEIJING DE ZHIHUI XIAOYUAN JIANSHE YANJIU

著　者： 李忠武　杨　增

责任编辑： 吴秋明

封面设计： 知更壹点

出版发行： 北京工业大学出版社

　　　　　　（北京市朝阳区平乐园 100 号　邮编：100124）

　　　　　　010-67391722（传真）　bgdcbs@sina.com

经销单位： 全国各地新华书店

承印单位： 三河市明华印务有限公司

开　本： 710 毫米 ×1000 毫米　1/16

印　张： 9.75

字　数： 195 千字

版　次： 2020 年 12 月第 1 版

印　次： 2022 年 1 月第 2 次印刷

标准书号： ISBN 978-7-5639-7802-1

定　价： 56.00 元

前　　言

随着信息化建设的深入开展，教育领域迎来了新的机遇和挑战，无论是教学模式，还是教学理念，都发生了巨大的变化，传统教育模式已不能适应新形势的需求。智慧校园理念的提出解决了当前数字校园存在的问题，成为教育信息化的新趋势和信息技术的研究热点。当前的智慧校园是数字校园的升级，能够为师生提供更加良好的生活和学习环境。本书以高校智慧校园建设为主要内容进行阐述。

大数据技术主要包括大数据的收集、挖掘、存储以及处理等过程，若将其和物联网技术结合起来，能够产生巨大的影响。总体来说，大数据技术主要包括大数据分析、云数据库技术、内存数据库以及数据安全四个方面的内容。大数据分析主要是指借助数据分析工具以及数据挖掘算法，从海量的数据中挖掘出有价值的信息。云数据库技术有效地解决了数据存储的难题，为海量数据的存储和计算提供了良好的途径。内存数据库的采用大大提升了数据的管理和存储的效率。数据安全是比较容易被忽视的，其在大数据技术中常见的解决方案有数据迁移、双机容错以及异地容灾等。

云计算是新兴的信息化技术，我们将其与智慧校园建设相结合，可充分利用安全、灵活、可靠的智慧校园数据架构，较好地满足学校的教育教学和科研管理需求，促进智慧校园的快速发展。

本书通过总结实践经验，探索了大数据与云计算在智慧校园建设应用中的途径，希望能够为相关工作的开展奠定理论基础。

目　　录

第一章　智慧教育概述

第一节　智慧与智慧教育

智慧旨在成事，成事之本在于知其本真之相、投以仁善之情、付诸完美之行，故智慧有本真之知、仁善之情、完美之行。教育智慧当建基于真知、得力于善情、成效于美行。反思当今教育者普遍对教育真相之模糊、善意之丢弃、美感之缺失，学校应致力于建设周全的课程门类、探寻高效的课程策略、培育优良的课程传统，进而推动教育实践水平的质的提升，逐步形成以智慧教育为内核的学校文化。

人，之所以能在众生之中脱颖而出，成为唯一具有复杂思想的生命而存在，去进行认识世界、改造世界的伟大实践活动，这其中无疑表明人具有任何其他生命所不具备的独特的生存优势，独特的发展优势。这些优势应该就是我们时下所称的"智慧"。智慧作为人类与生俱来的生命优势，是在物竞天择的生命角逐中，人类自己"发现"并"积淀"在身心结构中的。人类不断激活和发展自己的智慧，走出自己独特的生命轨迹，又在前行中日渐提升自己的智慧，提升自己的生命品质。

人的发展过程是生成智慧和提升智慧的过程。那么，智慧是什么？教育与智慧有何关系？教育对于人的智慧生成与智慧提升又意味着什么？

一、智慧内涵：教育意旨的宏大定位

智慧，辞书上的通解是，"辨析判断、发明创造的能力"。我们认为，这样的界定虽直白易懂，但过于笼统，其关注的主要是认识层面的元素。人们对于智慧的习惯理解是，机灵、敏锐、应变迅速，处置事情的方式方法独特，效

果显著。我们认为，这样的理解虽具体直观，但稍显肤浅，偏颇于行事风格，关注的只是实践层面的因素。智慧既然是人类所特有的本质特征，是人类所潜心追寻的发展境界，在人类活动中无时不在、无处不有，其绝不只是具体行为，还是闪耀在人类精神星空，照亮人类灵魂的宏旨大趣。有这样的强大魅力，有这样的卓越境界，智慧之内涵应该就是人类孜孜以求的真、善、美。真，是人类对世界本质的认识和把握；善，是人类对世界存在的认同和包容；美，是人类对世界状况的处置和应对。

从教育角度出发，智慧的三维内涵包括以下三个方面。

（一）智慧建立于"真"的认知

真，在客观世界方面，是事物的本性、本质、本来面目，是事物的运动、变化、发展规律；真，在人类方面，是探寻事物的本性、本质，把握其运动、发展规律的求真精神、求真行为以及最终形成的认识水平。延伸至教育领域，真是教育的本性、本质，是教育活动的基本规律，亦指教育者探寻教育的本性、本质，把握教育活动基本规律的求真精神、求真行为以及最终形成的教育理解水平。这种教育理解水平，首先是对教育过程中人的理解水平，然后是对由此派生出来的人与人的关系（教育者与受教育者）、人与知识的关系（人的学习过程）的理解水平。有作为的教育，对学生应该明确其是有着主观能动性的主体，对学习应该明确其是个体能动建构个人经验的实践。这样"以生为本"，以尊重人之发展的深度需求为最高价值，来理解教育过程中的其他关系和现象，才可能高瞻远瞩，洞见教育之奥秘，胸藏万壑，找到教育之正道。

（二）智慧得力于"善"的情怀

在普遍的社会意识中，"善"是与"恶"相对并与其并存的一种伦理概念，是一切道德规范的核心价值与终极归宿，反映着人类共同的伦理诉求。其基本境界是知足、感恩、友善、宽厚、包容、仁慈，其最高境界是"舍己"而"为人"。教育之善，若以"为人"观之，显然应该集中表达对人之爱，对学生之爱。推及育人，教育之善主要体现在"以培养完满人性，以对人的尊重为基础的人性化"和"以发展人的独特性为基础的个性化"两个维度。有了这样的善，再融以"无私"之情，教育中遭遇的种种矛盾均可以顺利化解。

（三）智慧落脚于"美"的行为

美，是一个博大精深的哲学话题，学术界对美的研究兴致素来极其浓厚，然而迄今为止对其定义却一直在似有似无、若明若晦的模糊表达状态中。尽管如此，我们对美还是可以给出基本的描述。所谓美，当指情景、事件、境界、意义等客观事物能够满足主体感官需求又恰好应和主体心理需求进而激起主体感官享受和心理愉悦，使之产生和谐、舒爽、惬意、快慰、满足等美好身心体验的属性。这些可能是有形存在物，也可能是无形存在物，可能是自然存在物，也可能是人类创造物。这些属性也是有益于人类、有益于社会的一种特殊属性。据此，教育之"美"，就是在教育过程中所呈现的内容、所投入的行为、所营造的情境、所揭示的形象或意义、所采取的方式方法等，能给学生带来视听的愉悦、心灵的享受，乃至学习和生活的幸福体验。教育能达到这种美的境界，需要有强大的吸引力，能取得巨大的成功，而不至于成为一种压力。

二、智慧教育：教育实践的质的提升

我们从智慧的视角，确立学校的教育哲学，定位教育的价值追求，构想教育的宏大旨趣和终极愿景。从根本上说，这就是要恪守以人为尊、以生为本的最高准则，矢志不渝地贯彻"为了学生、尊重学生、适应学生、发展学生"的教育理念，以这样的准则和理念照亮教育之旅，使教育教学实践得以努力遵循教育之真谛，洋溢教育之善意，彰显教育之美趣。基于这样的宗旨，我们致力于从以下几个维度改善自己的教育实践方式，进而不断提升全体成员以"智慧"方式行走于教育生活中的自觉能动性，逐步形成具有自身教育理解和教育价值诉求的学校文化。

（一）建设周全的课程门类，通过教育的结构体系蕴藏智慧

人是具有多元智慧潜质的生命体，有着多方面的发展需求，也有着多方面的发展可能。从这个意义上说，人的教育应该为每个人的多种发展可能提供全面的尝试机会。每个人都是独立的生命存在，有着各自独特的智慧潜质，也有着各自独特的教育需求。从这个意义上说，人的教育应该为所有人的个性发展可能创设学习条件。国家层面上的课程在总体上确立了这种整体培育与个体发展有机统一的课程理念和课程框架，但其在资源配置、实施方式、评价形式等方面，给地方和学校留有较大的自主空间，这很容易使各地方和学校因理解偏差导致行动偏颇，进而导致学生发展的失调。为此，我们努力消除这样的情况，充分利用国家给予学校的校本课程开发权限和时空资源，建设起适合本校学生最佳发展途径的课程门类。

（二）探寻高效的课程策略，通过教育的实践过程彰显智慧

智慧，是哲学层面的大视野、大见识、大境界，智慧应该通过不着痕迹、

极其自然产生的机敏、灵活、技巧、窍门，去成功解决问题，突破困局，顺利达成预期。同理，教育智慧作为教育哲学引领下的教育大视野、大见识、大境界，无疑需体现于并见证于教学过程中的灵活应变、巧妙处置的现实行为上，使教育意图得以顺畅实施，教学矛盾得以无痕转化。这就是通常所谓的"智慧锤炼"的道理所在。据此，我们在构建了门类完备的课程体系之后，便着力于优化课程教学实践的策略研究，借以不断提升课程智慧，高效达成课程目标。我们在这方面的探索主要从四个板块展开。①回归生活的策略。我们不仅在学校的主题实践课程中为学生创设生活体验空间与机会，还在国家课程实施过程中注重让学生了解知识原型，感受知识本真，亲历知识生成过程，以全部身心去参与知识探究和知识运用活动，进而构建起真正烙上主体印记的经验图式。②对话互动的策略。我们将学生的主体地位和师生的平等关系落实于现实的教学生活中，在教学过程中逐步加大推行共商学习目标、共拟研究主题、共探知识奥秘、共话独特见解、共享思维成果的力度，使教学生活呈现以对话互动为主色调的良好状态。③点化开悟的策略。在全面展开的对话互动的教学生活中，我们应注重发现学生在探究中的普遍困难和疑惑之处，及时点拨提示，化解疑难，为其开启思维，使其领悟知识，顺利达成探究目标，同时还要让学生从教师的点化开悟中发现规律，掌握方法。④期待激励的策略。我们应特别关注知识有断层、思维较滞后的学生，给予他们充足的时间去消化吸收知识点，给予他们足够的机会去理解智慧，当他们通过努力或在教师的帮助下消除了思维的困顿，我们应对他们及时进行鼓励与赞扬。

（三）培育优良的课程传统，通过教育的文化积淀定格智慧

文化建设通常有两种路径与方式。一是通过群体最初缔结时隐含着的各种积极文化因子自身去磨合、取舍、选择、融合，逐渐形成所有成员所认同的核心价值与行为方式，进而归结出学校文化精神的定格表达，作为不断发展提升的文化力量，注入和引领全体成员的价值愿景和行为方式。二是通过管理层率先架构切合学校现实、有益学校未来发展的文化愿景，用以规范、引导、统一全体成员的价值诉求与行为方式，并最终内化为全体成员共同且稳定的价值观念和行为方式，形成本校特有的文化气质。前者可以称为文化的自然生成，后者可以称为文化的自觉架构。

第二节　智慧教育产生的背景和必然性

一、智慧教育产生的背景

智慧教育的思想源于美国。1992 年，美国前副总统阿尔·戈尔提出美国信息高速公路法案。1993 年 9 月，美国克林顿政府正式提出建设 "国家信息基础设施"，俗称 "信息高速公路" 计划。其核心是发展以互联网为核心的综合化信息服务体系和推进信息技术在社会各领域的广泛应用，特别是把信息技术在教育中的应用作为面向 21 世纪的教育改革的重要途径。美国的这一举动引起了世界各国的积极反应，各国纷纷从国家战略规划层面对教育信息化发展予以充分重视，并制定了本国的教育信息化发展规划及战略，统筹了教育信息化的各方面发展。比如，日本于 2010 年发布了教育信息化指南、英国联合信息系统委员会于 2009 年发布了其 2010—2012 年的发展战略等。这些教育信息化发展规划及战略文件的发布，为各国教育信息化的发展指明了方向。

教育信息化的发展带来了教育形式和学习方式的重大变革。1998 年，阿尔·戈尔在其题为《数字地球：21 世纪认识地球的方式》的演讲中提出了 "数字地球" 的概念，此后数字化概念在世界各行各业中大行其道。随着 20 世纪 90 年代末全球数字化浪潮的兴起，世界范围内的教育信息化建设进入了数字化时代，即数字教育阶段。信息技术在教育教学中的应用不断深入，从计算机、互联网、多媒体等数字化技术逐步进入校园，到交互式电子白板、虚拟仿真实验等技术在数字化校园建设中的应用，数字化教育蓬勃发展，极大地丰富了教与学的过程。

21 世纪科技的快速发展，特别是移动终端、物联网、云计算、大数据等新一代信息技术的兴起和快速发展，为教育信息化和教育现代化注入了新的推动力，激发了研究者和教育实践者拓展学习概念、开展学习环境设计的兴趣，推动着学习环境的研究与实践从数字化走向智能化。此时，教育进入智能化时代，即智慧教育阶段，信息技术的发展成为促进教育教学变革与创新的重要动因之一。

根据联合国教育、科学及文化组织 2002 年提出的教育信息化发展的形成、应用、融合和创新四个阶段的观点，透过美国 1996 年、2000 年、2004 年、2010 年陆续发布的《国家教育技术计划》，我们可以清晰地看出，美国教育信息化发展走过了基础设施与设备配备、教育资源建设与推广、教师全员信息技术应用能力建设等阶段。目前，其已进入教育应用创新阶段，寻求教育系统的整体变革成为教育信息化发展的新目标。

我国教育信息化发展经历了"九五"期间的多媒体教学发展期和网络教育启蒙期、"十五"期间的多媒体应用期和网络建设发展期、"十一五"期间的网络持续建设期和应用普及期的发展阶段，现阶段正处于应用融合阶段，并且正向着全面融合、创新阶段迈进。《教育信息化十年发展规划（2011—2020 年）》明确提出，我国力争到 2020 年实现全面融合、部分创新的阶段性发展目标，要求"以教育信息化带动教育现代化，破解制约我国教育发展的难题，促进教育的创新与变革"。无论从国家地区的宏观层面、学校组织的中观层面，还是从学习者的个体层面来看，教育信息化都是一个平衡多方关系、创新应用发展、追求卓越智慧的过程。

在"信息技术—社会—教育变革"三元互动结构中，如何在社会信息化大背景下，推动教育信息化进程，解决当前教育面临的公平与均衡、优质与创新、个性与灵活的三大发展难题，以理念创新、技术创新、教学法创新等落实教育信息化创新发展，成为教育信息化发展的新追求。智慧教育作为"智慧地球"思想在教育领域的延伸，已被世界上多个国家和地区作为未来教育发展的方向，如澳大利亚、韩国、马来西亚、新加坡等国家均颁布了相关的国家教育政策。数字教育向智慧教育的转变，不仅仅是教育信息化中技术的数字化转为智能化而引发的"形变"，更蕴含着信息技术促进教育变革所追求的"质变"，尤其是教育文化的创新。以智慧教育引领教育信息化的创新发展，带动教育教学的创新发展，最终指向创新型人才的培养，已成为教育信息化发展的必然趋势。智慧教育是经济全球化、技术变革和知识爆炸的产物，也是教育信息化发展的必然阶段。

进入 21 世纪以来，信息技术以前所未有的速度和气势，强烈地冲击着社会生产与生活的方方面面，成为当今世界发展的重要驱动力。在物联网、云计算、大数据、移动通信等新一代信息技术的推动下，世界上多个国家和地区已将智慧教育作为其未来教育发展的重大战略，从数字教育转向智慧教育已是全球教育发展的必然趋势。随着我国智慧城市建设的步伐加快，智慧教育作为智慧城市的重要组成部分，也开始逐步引起我国政府、企业和高校科研机构的高度重视，具有广阔的发展空间。智慧教育正在引领着全国教育信息化的发展方向，成为信息技术时代发展的主旋律。

二、从数字教育向智慧教育深化的必然性

脱离教育的自身需求而谈教育信息化是没有意义的，衡量教育信息化建设成败的唯一标准就是应用效益。正是基于此种考虑，国家将教育信息化纳入国家信息化总体战略，并提出"以信息化带动教育现代化，以使教育信息化对教育发展产生革命性影响"。因此，加快智慧教育的建设与发展也就具备了紧迫的发展内在需求和良好的发展环境。

（一）我国教育政策催生智慧教育

2012 年 3 月，教育部颁布《教育信息化十年发展规划（2011—2020 年）》，对未来十年的教育信息化工作进行整体设计、全面部署。2012 年 9 月，教育部召开第一次全国教育信息化工作电视电话会议，刘延东出席会议并做了重要讲话，强调要深刻把握新形势、新要求，将教育信息化作为国家信息化的战略重点优先部署，并进一步明确了教育信息化发展的目标、任务、思路和重点。2012 年 10 月，《教育部等九部门关于加快推进教育信息化当前几项重点工作的通知》发布，具体部署了以"三通两平台"（"三通"即宽带网络校校通，优质资源班班通，网络学习空间人人通；"两平台"即建设教育资源公共服务平台，建设教育管理公共服务平台）建设为核心的七项重点工作。党的十八大提出了实现教育现代化的目标，而教育信息化既是教育现代化的重要内容和体现，也是推动教育现代化目标实现的重要支撑，同时还是促进教育均衡、优质发展的重要举措。

教育信息化在迎来又一个春天的同时，也迎来了新一轮的发展机遇与挑战，面临着更大的建设力度和更高的发展要求。在这一大背景下，我们要加快推进信息技术与教育教学的深度融合，实现教育思想、理念、方法和手段的全方位创新，智慧教育理应成为教育教学改革和发展的支撑和保障。

（二）现代科学技术的发展促成智慧教育

21 世纪的第二个十年开始，全球教育信息化进入了一个新的发展阶段，而推动教育信息化步入新阶段主要有两大契机。一是学习科学的新研究。"提高人类个性化的自学能力"被列为 21 世纪面临的 14 项科技挑战之一，如何应用信息技术与科研成果来更新教育观念、改革教育体制，以形成基于信息时代的教育模式和学习方式，是推进教育改革与发展亟待破解的难题。二是信息技术的新发展。如何借助迅猛发展的信息技术，创造个性化的学习环境，汇集推送的学习资源，让学生成为主动发展的学习者，是推进教育优质发展、办人民满

意教育的必然选择和必由之路。事实证明，有效利用信息化的发展成果可以使人类与生俱来的生理智慧得以延伸。推进智慧教育，能够满足学生更具智慧的发展需求。

（三）现代人才培养目标迫切呼唤智慧教育

在当今世界，科学技术发展日新月异，知识经济特征更加凸显。在这种背景和形式下，智慧资本已然成为新经济形态的灵魂。从社会的发展来看，世界正进入以智慧型人才为主流的社会，对大量高素质的人力资源及其持续创新能力的培养，正是智慧教育本质的具体表现。智慧教育是经济全球化、技术变革和知识爆炸的产物，是教育良好适应现代社会经济发展状态和人的发展水平的具体体现。其基本特征是能够满足教育和人才培养的普及化、终身化、个性化、国际化、信息化。因此，智慧教育是当代教育的必然走向，是人类的主体性和自我超越性不断发展的必然反映，是人类步入智慧时代的需要。

第三节　智慧教育的国外发展现状

在世界范围内的教育信息化建设开始走向融合创新的深层次发展阶段时，推进教育系统重构、加速学校变革、打造开放性的学习环境已成为全球教育信息化发展的基本特征。在物联网、云计算、大数据、移动通信等新一代信息技术的推动下，世界上多个国家和地区已将智慧教育作为其未来教育发展的重大战略，从数字教育转向智慧教育已是全球教育发展的必然趋势。

智慧教育作为教育信息化的高端形态，在全球范围内的呼声越来越高，影响也越来越大。近十年来，全球很多国家开展了一系列的智慧教育研究和实践。

一、美国

美国智慧教育的推进，可以分为企业和政府两个层面。企业层面以国际商业机器公司（IBM）为代表，政府层面以相继颁布的四个国家教育技术计划为代表，特别是 2010 年颁布的国家教育技术计划。

（一）IBM 智慧教育框架

IBM 率先提出"智慧地球"的概念，并将"智慧地球"的理念融入各个行业，衍生出一系列智能化的行业解决方案，其中就包括智慧教育。此外，IBM 还提出了智慧教育的五大路标：①学生的技术沉浸；②个性化、多元化的学习路径；

③服务型经济的知识技能；④系统、文化、资源的全球整合；⑤在 21 世纪经济发展方面起关键作用。

IBM 智慧教育框架的核心是为学习者提供个性化的学习体验。随着社会对农业和工业劳动力的数量需求减少，学生需要掌握更多的技能以适应知识型的工作。这要求教育机构开发新的教学方法，为每一名学生提供定制的学习体验，使学生在模拟现实的情境体验中学习知识与技能。IBM 通过为教育机构提供云端课堂、交互社交媒体等教育平台，使教育机构可以联结每一个学习者个体与其进行互动，并为每一个学习者提供独特的学习体验。

教育大数据的存储与分析是 IBM 智慧教育框架的一个重要组成部分，该框架通过对教学过程中学生和学习环境产生的海量数据的收集、过滤、分析，可以帮助学习者进行反思，优化学习过程，使学生开展适应性学习、个性化学习；可以帮助教师对学生进行评估，充分了解学生的认知水平与技能掌握情况，发现潜在问题，从而对学生进行更有针对性的教学干预；可以帮助管理者评估课程和机构，以使其改善现有的绩效考核方式，制定更加科学的教育决策。IBM 智慧教育框架的另一个组成部分是对教育管理的优化。智慧的管理方法通过云计算和虚拟化技术不仅能够将数据统一集成到运营工作中，给管理人员和业务人员提供有关组织绩效的更多信息，而且能够使各机构与合作伙伴进行协作，从而提高教育的可靠性和质量，同时实现规模效益。

IBM 在智慧教育框架下，又细分出若干独立的解决方案，方便政府机构与学校根据自身情况，选择适合自己的智慧教育解决方案。这些方案包括教育决策方案、教育评价管理方案、智慧校园建设方案、智慧教室建设方案、云虚拟实验室建设方案、教育数据分析方案等。

IBM 智慧教育框架的特色主要有：①以增强学习者个性化体验、优化教育管理质量与效率为核心，突出对大数据、云计算、物联网等先进技术的应用；②化整为零，结合教育实际需求制定若干更加具体的解决方案，可操作性强，因此其方案被许多国际知名高校所采用；③将数据视为宝贵资源，注重对教育大数据的深度分析与应用。但是，IBM 提出的智慧教育框架也有其局限性，即主要聚焦硬件环境的建设与教育数据的处理，对教学方法和理念的变革以及教师和学习者的因素等方面关注较少。IBM 智慧教育框架能否取得预想中的效果，主要取决于教师、学生、管理者在 IBM 建设的智慧教育环境中能否发挥其能动性，能否充分利用技术对教育进行变革。

IBM 智慧教育解决方案已经在美国的北卡罗来纳州立大学等国际知名高校得到实施。美国的智慧教育具有以下特点：一是建立跟踪学生学业成就的学生数据系统，便于教师、家长和管理者了解；二是强调教学资源共享，建立资源共享机制，制定个性化的教学辅导方案；三是强调社会交往，通过虚拟和现实相结合的社交方式促进学习者社会性能力的提升。

（二）美国国家教育技术计划

美国政府在 1996 年到 2010 年间，相继颁布了四个国家教育技术计划，分别是 1996 年的《使美国学生做好进入 21 世纪的准备：迎接技术素养的挑战》（简称"NETP1996"）、2000 年的《数字化学习：让所有的孩子随时随地都能得到世界一流的教育》（简称"NETP2000"）、2004 年的《走向美国教育的黄金时代：网络、法律和当今的学生如何变革着教育的期待》（简称"NETP2004"）以及 2010 年的《改变美国教育：技术助力学习》（简称"NETP2010"）。这些国家层面推出的持续的教育信息化规划给美国教育信息化指明了道路，为其他国家的教育信息化发展提供了参考。

NETP1996 是在美国社会与经济开始步入信息时代，计算机与通信技术已经走进美国的社会经济生活，人们开始认识到技术素养将成为继读、写、算之后的第四个基本技能的背景下提出来的。其目标正如美国前总统克林顿所说的，是"将信息时代的威力带进我们的全部学校，要求到 2000 年使每间教室和图书馆连通国际互联网；确保每个儿童都能够用上现代多媒体计算机；给所有教师以培训，要求他们能够像使用黑板那样自如地使用计算机"。这个阶段属于人们对信息技术的乐观依赖期，认为只要有信息技术，教育就会往好的方向发展。

在随后的四年中，大量的资金投向学校硬件设施的建设，如电脑装备的投入和网络的接入，以及教师的培训等方面，取得了巨大的成绩。1996 年只有4% 的学校生机比达到 5：1，9% 的教室能够上网，到 1999 年，95% 的学校和63% 的教室接入了互联网，生机比上升到了 9：1，网速也有了很大的提高。但是，要让信息技术真正惠及学生的学习方面还需要更多的努力。相关调查显示：83% 的中小学教师认为没有足够的时间来学习和实践电脑与网络技术，68% 的教师认为缺乏足够的支持来帮助他们把技术整合到课程中，66% 的教师认为缺乏培训的机会，64% 的教师认为缺乏技术支持，43% 的教师认为缺乏行政上的支持。

为了解决以上问题，美国政府提出 NETP2000，以使所有的教师和学生不管在教室、学校、社区还是在家里都能够使用信息技术，使所有的教师都能够有效地使用信息技术来帮助学生获取更高的学业成绩，使所有的学生都能具备一些信息技能和素养，最终通过研究和评价来推动信息技术在教学上的应用，通过应用数字化内容与网络来实现教学目标。经过两个阶段的国家教育技术计划的实施，到 2002 年秋，美国已经实现了 99% 的学校和 92% 的教室接入互联网，全国的生机比达到 8：1。硬件设备的建设已经不是问题了，关键的问题在于教师缺乏培训以及缺乏对信息技术如何丰富学习经验的知识的了解。

2002 年，美国前总统布什签署了《不让一个孩子掉队》法案（简称 "NCLB 法案"），NETP2004 是 NCLB 法案在教育技术上的延伸。NETP2004 提出了七个主要的行动步骤：①加强各级各类教育行政机构的领导；②创新预算制度，使信息技术应用在获得资助的同时又能保证其有利于学生学习；③改进教师培训机制，如提高教师教育的质量，提高新教师使用信息技术进行教学的能力等；④支持数字化学习与虚拟学校；⑤鼓励使用宽带，只有通过密集的应用才能让教师与学生明白宽带的好处；⑥使用数字内容，鼓励师生使用多媒体资源、在线资源来替代传统的纸质教材；⑦建设一体化的数据系统，用它来收集资源，提高管理效能，在线评估学生成绩，从而给教育者实施个性化教学提供参考。

2010 年 11 月，美国教育部发布了以 "21 世纪的学习是什么" 为出发点的《改变美国教育：技术助力学习》。该计划作为美国之后五年教育发展的规划战略，倡导进行在信息技术支持下的教育系统的全方位、整体性的变革。该计划提出了一种信息技术推动的学习模式，其目标和建议涉及四个基本领域：学习、评价、教学、基础设施。

在学习方面，NETP2010 要求教育工作者把注意力集中在 "如何教" 和 "教什么" 上，以适应学习者个性化的学习需求；要求把学习者放在社会生活或尽量贴近真实的情境中，利用技术为其提供各种方法，使个性化学习成为一种普遍、广泛的学习方式，以增加学习者的学习动力，提升学习者的学习能力和知识水平，使学习者获得更高的学业成就。

在评价方面，NETP2010 希望采取更新、更好的方式来衡量、判断学习者的真实能力水平与发展趋势。美国前总统奥巴马在 2009 年关于教育改革的谈话中说："我呼吁我们国家各州主管教育的领导和国家教育部门制定评价标准，这种评价不要只是简单地衡量学生是否在测试中可以像一个气球一样被填充，而要衡量他们是否拥有 21 世纪的技能，如解决问题的能力、批判性思维和创业创新精神。"因此，我们需要设计出能够衡量 21 世纪能力的标准和评估系统，这一系统应对解决复杂问题的能力、合作能力、创新能力、社会交际能力等做出评价。

在教学方面，NETP2010 要求运用信息技术来促进教学模式的转变，帮助教师提升能力。在新的教学模式中，教师与教学数据、教学工具相联系，使用相关数据进行评价；教师与内容、资源和系统相联系，以创设、管理为学生提供的学习体验；教师与学生相联系，以直接支持学生学习，无论其位于何处。这种联系给予教师接触资源和专业知识的渠道，以改进他们的教学实践，并且成为学生进行自我导向学习的促进者与协作者。在该教学模式下，教学成为团队行为。

在基础设施方面，NETP2010 认为基础设施配置应着力于构建可持续发展的学习模式，除了应包含不断改进的硬件、系统和管理工具以外，还应涵盖人、过程、学习资源和政策。这种基础设施建设是一项长远的工程，应确保教师和学习者在校内外均可以便捷地接入网络，支持开放教育资源的开发与利用，有合适的软件和资源，为教师和学习者提供可以进行交流和协作的在线学习社区和学习平台，以促进校内外学习的无缝连接，使新的学习模式成为可能。

NETP2010 从技术层面上为上述四个领域充分发挥支撑作用提供保障，借助技术汇集丰富而开放的学习资源，构筑强大的、开放的和自适应的网络世界，最大限度地促进知识信息的交流与共享；为所有的学生和教育者提供随时随地获取学习资源的基本设施；建立基于信息技术的评价体系，借助信息技术以更新、更好的方式来衡量学习过程要素，诊断学习过程中的优势与不足，开展形成性评价和总结性评价，改变教学与测评方式。从 NETP2010 上可以看出，美国的教育信息化已经步入利用信息技术全面变革教育系统结构、关系和过程的深层次阶段，重点关注学生和学习，以及对学生 21 世纪技能的培养。

美国教育部与大多数国家的教育部不同，它只对学校所在的州政府有一定影响，与学校系统没有直接的联系，对地方教育当局和学校没有行政控制的机制。NETP2010 只是一种建议而非强制性政策，学校可以自行决定是否参照执行。因此，在向智慧教育转变的过程中，由于执行力度不同，必然会有区域发展不平衡的状况发生。美国政府从教育评价、教育测量、教师专业发展以及教育变革实践四个方面对各州进行了量化评估，结果清楚地反映出美国各州智慧教育的发展存在极大的差距。

二、英国

在欧洲各国中，英国的教育信息化最引人注目。英国政府将信息通信技术看作教育改革的核心，十分重视信息通信技术的发展与应用。2005 年，英国教育与技能部出台了教育信息化发展的五年政策。2008 年，英国教育传播与技术署（BECTA）发动"下一代学习运动"，颁布了《利用技术：下一代学习（2008—2014）》系统战略和两个阶段计划（2009—2012 年，2010—2013 年），成为英国政府以技术促进学习的国家信息化教育战略的一个重要组成部分。"下一代学习运动"旨在建设世界一流的、协作式的基础设施，为学习者提供高品质的定制资源，提高其学习效率，促进其可持续发展，以实现技术促进学习的愿景；强调个性化教育，提出开发一个可定制的学习权利框架，以满足不同环境中的不同年龄学习者的需要；注重领导者的战略地位，提出构建信息技术自信框架，建立国家技术网对学校或企业的领导者进行信息技术培训；重视继续教育和技能培训，让学习者无论在何时何地都能更加有效地利用学习资源进行学习；强调多方参与，鼓励家长参与，促进信息技术供应商技术能力的提高。2010 年，英国小学生机比为 6.9∶1，中学生机比为 3.4∶1，特殊教育学校生机比为 3∶1；93% 的中学和 67% 的小学拥有学生学习平台以及信息管理系统；69% 的中学和 64% 的小学的教师都可以在家里访问学校学习平台。英国非常重视对教师信息通信技术能力的培养。BECTA 专门设立"下一代学习奖"以鼓励广大教师群体有效应用自动在线测试仪（ICT）。99% 的中小学教师已能够在课堂教学中运用 ICT，超过一半的教师每周都会围绕课程和作业通过 ICT上传和存储数字化学习资源，同时也会要求学生使用计算机或互联网来完成作业。

英国教育信息化的一个显著特点是重视资源建设，特别是网络资源的建设。1998 年，英国全国学习网开通，将学校、研究机构和图书馆等连为一体，已经连接到英国所有家庭、街道、社区、医院以及大众媒体传播体系，是欧洲最大的教育门户网站。同时，英国还建有教师网，为广大教师提供与国家课程相配套的各类网络资源和网络交流平台。在高等教育阶段，英国因其具有以开放大学为代表的远程教育而著称于世。

三、日本

日本的教育信息化一直走在亚洲国家的前列。1990 年，日本文部省制订了"教育用计算机装备"的五年计划，以中小学学生平均每五个人拥有一台计算机为标准，开始在全国范围内有计划地配备计算机。日本除了重视 ICT 外，还十分重视校园网络建设，1993 年制订"100 校计划"，由政府机构赞助支持，每所学校设立一个网络服务器，并提出一个活动计划，实现资料信息共享，以便进行高科技研究。

在学校信息化教育方面，日本重视开展信息教育工作，在初中阶段开设"信息基础""信息处理"等选修课，在高中阶段开设"信息技术"必修课，重视对电子数字化教材的开发，积极开展信息技术与课程的整合，重视对教师信息教育技能的培训。这些措施极大地推进了日本教育信息化建设的进程。

四、韩国

韩国政府把信息化作为国家的核心发展战略。1997年，韩国教育部实施教育信息化全面规划，推进"教育信息化基础建设工程"，并投入大量资金，加大基础设施建设力度。2000年，韩国完成信息化基础工程建设，全国中小学入网率达到100%，生机比达到6∶1。2003年，韩国教育部联合16个地方教育厅，建成国家教育信息系统，形成全国统一的、开放的教育行政管理信息化平台。韩国教育部在推进教育信息化的过程中，非常注重基于信息化平台的良好教学环境的建设和对教师信息素养、信息技能的培养。2001年，韩国建立数字资料室支援中心，并于2003年在全国所有中小学校和所有教育厅普及，为中小学校的师生随时随地地检索资料创设了良好环境。同时，韩国在国家课程计划层面规定教师必须应用ICT教学，2003年，韩国规定从小学一年级到高中一年级的所有科目教学必须实行20%的ICT应用教学。近年来，韩国在利用网络开展教育的基础上，积极探索实践泛在学习，创造让学生随时随地利用任何终端进行学习的教育环境，并通过配套课程改革、制定网络课程标准、制定专门的法规和政策等努力构建"网络学习体系"。

韩国教育科学技术部（MEST）于2011年10月发布了《通往人才大国之路：推进智慧教育战略实施计划》，目的是进行智慧教育变革，改造课堂模式，增强技术支持的学习效果，培养适应未来信息社会发展的创新型国际人才。MEST在战略提案中将智慧教育中的"smart"一词，分解成五个单词的首字母缩写，这五个字母代表了智慧教育的五大特征，分别是自我导向（self-directed）、激励（motivated）、自适应（adaptive）、丰富的资源（resource-enriched）和技术融入（technology-embedded）。

韩国智慧教育发展战略是在教育信息化深度发展的基础上推进实施的。经过教育信息化综合发展一至三期规划与教育、科学和技术信息化总体规划等政策的实施，韩国的教育信息化基础设施已经普及，教育信息化的相关法律和标准较为完善，教师信息化能力达到较高水准，数字教学资源快速发展，数字学习与研究环境已经初步形成。2009年，在经济合作与发展组织的国际学生评估项目测试中，韩国学生在数字阅读素养评价中位居首位，这说明该国学生应用数字技术支持学习的水平在国际上处于领先地位。

此外，三星集团、LG 集团、SK Telecom 公司等国际信息产业巨头也致力于推动教育信息化产业的发展，为韩国"智慧教育推进战略"的落实提供了有力的技术支撑。

韩国"智慧教育推进战略"包含七项主要任务：①数字教科书的开发和应用；②推广在线学习，构建在线评价系统；③推进教学资源的公共利用，规范信息通信伦理教育以避免信息技术带来的社会问题；④强化教师的智慧教学能力；⑤推行以云计算为基础的教育服务；⑥升级智慧教育推动体系；⑦宣传扩大韩国智慧教育政策在韩国国内乃至在国际上的影响力。为了落实"智慧教育推进战略"的七项任务，韩国政府采取了以下策略：①对相关政策法规进行制定和修改，以应对教学模式变革带来的变化，如制定隐私保护法，修改远程教育产业发展法，修改私人学校与课外补习班建立与运作规定，修正版权法与版权保护制度等；②建立并推广涵盖教学环境、教学资源、教学方法、教师和学习者等各教学要素并可以产生良性循环的智慧教育生态系统；③尽力降低智慧教育环境中的数字鸿沟以及其他由信息技术应用引发的负面影响；④在将飞速更新换代的技术引入课堂时尽量选择相对经济的方案。

韩国"智慧教育推进战略"的制定与推进有以下亮点：①关注相关法律法规的制定，通过立法为智慧教育的发展保驾护航；②对信息技术给教育带来的负面影响尤为重视，并努力消除这些负面影响对智慧教育推进造成的阻碍；③突出公众宣传，获得国民对智慧教育变革的理解和支持，汇聚各方力量共同建设与发展智慧教育，努力提升其在国际上的影响力；④打造智慧教育产业链，努力抢占国际智慧教育市场。

韩国政府在 2011 年颁布了"智慧教育推进战略"的国家教育政策，内容主要包括以下几个方面：①开发和应用数字教科书，争取取消纸质教材；②通过加强在线学习与大学先修课程制度间的联系等措施推广在线学习；③构筑教育内容的公共利用环境，确保资源在受保护的条件下被广大教师和学生自由使用；④强化智慧教学与管理，提升教学质量，促进教育管理的规范化、科学化和智能化；⑤推行以云计算为基础的教育服务；⑥设立旨在推进智慧教育的未来教育研究中心。韩国"智慧教育推进战略"的核心是对数字教科书的普及推广，期望通过教材的彻底革新来带动整个教育体系的升级改造。

五、新加坡

2006 年 6 月，新加坡公布了为期十年的宏伟计划——"智慧国 2015 计划"。该计划由新加坡资讯通信管理发展局（IDA）主导，总投资约 40 亿新元（约 196 亿元人民币），计划在 2006—2015 年这十年间，投资上百亿新元构建一个活跃的、与时代并进的信息通信生态系统，将新加坡打造成一个以信息通信产业为支撑、信息技术无处不在的智慧国家，以提升新加坡的经济竞争力和创新能力。

智慧教育是"智慧国 2015 计划"的重要组成部分，目的是使公民能够更好地适应未来的信息社会发展，并能够运用信息技术手段随时随地地进行个性化学习与终身学习，保持个人乃至整个国家的竞争力。IDA 和新加坡教育部联手实施"智慧国 2015 计划"，其战略重点包括：①使用信息技术改变教学方式，开发全新的学习资源，建立以学习者为中心的个性化学习空间；②建设国家范围内的教育基础设施，使所有学校都可以便捷与低成本地接入高速宽带网络，同时使学习者可以方便地获取其需要的数字资源；③使新加坡成为全球教育领域使用信息技术的创新中心。

"智慧国 2015 计划"通过卓越计划项目的实施来落实，该项目的目标是提供一个延伸至课堂以外的以学习者为中心的交互式学习环境。该项目分为三部分：① iACCESS，为学习者的学习提供随时随地的信息接入以满足随时随地的学习需求；② iLEARN，为学习者提供交互式的数字学习资源；③ iEXPERIENCE，为学习者提供交互式的智能学习应用，以满足不同学习方式的需求。

iACCESS、iLEARN、iEXPERIENCE 三管齐下，新加坡教育部从所有学校中选择 15%～20% 的学校作为实验学校，实验信息技术在教学中的创新应用，如协作式学习工具的使用、移动学习设备的使用等。另选 5% 的学校作为"未来学校"的试点，希望这些试点学校走在信息技术应用的最前端，成为在教育和学习领域全面整合信息技术的示范学校。

关于"未来学校"的建设方向，每个学校不尽相同。这些方向包括：创新课程体系和教学方法；培养学生的自主学习能力；开发 3D 仿真学习环境；开发人工智能聊天机器人，通过启发式提问支持学习；开发工具提供虚拟环境，以加深并展现学生对概念的理解与学习；开发支架式算法探究性学习系统，对学生的学习进度及内容掌握程度进行评估等。新加坡教育部不仅希望这些"未来学校"增强教学内容的丰富性，以满足学习者的需求，而且希望这些"未来学校"提供各种可能的模式，以实现信息通信技术与教育教学实践的无缝整合。

"未来学校"项目的发展得到了各方面的积极参与，IDA 希望通过 PPP（People、Private、Public，即个人、企业、政府公共部门）合作模式与教育技术研究团体、信息技术研究人员以及海外教育技术机构建立合作关系。这种 PPP 合作模式是新加坡智慧教育变革的亮点之一。与美国相比，新加坡为教育机构开发教育信息技术工具及应用的企业要少很多，但是这些企业与新加坡教育部和学校之间的联系相当紧密。新加坡教育部发布标准，企业根据教育部的目标为试点学校免费开发技术应用，当试点项目证明该技术应用是成功的时候，企业才有机会将该技术应用推广到其他学校以获得收益。因此，企业并不只是单纯地向学校出售产品，销售人员更多的时候也在扮演着教育工作者的角色，直接参与到试点项目中去，提供培训与技术支持，并且与教师、管理者保持良好的互动。在这种模式下，学校与教师在电子教材以及其他教育资源应用和开发方面有了更多的话语权，有效避免了企业开发的产品与学校实际需求背道而驰的情况出现。

六、其他国家

马来西亚早在 1999 年就提出了"智慧学校计划"，旨在将所有学校都转型为智能学校，从而促进马来西亚教育系统的整体性变革，为培养信息时代人才奠定基础。

2012 年，澳大利亚提出"转变澳大利亚教育系统"的智慧教育方案，目标是吸引更多的学生，提高教师和管理者的能力。

泰国"智慧教育计划"采用以学习者为中心的发展模型和"一对一"的数字教室进行学习范式的转换，让每位学生在教室里都拥有平板电脑，实现教学内容探究、自主学习、协作交流。

七、国际智慧教育的发展对我国的启示

教育发达国家的智慧教育发展，大多始于 2008 年，它们有着相同的时代背景。全球经济危机之后，各国更加注重教育对经济和社会发展的推动作用，注重培养创新型人才以增强本国的核心竞争力。教育信息化发展多年，为教育创新奠定了一定的基础，但技术对教育的变革作用仍未充分显现。深入研究国际智慧教育的发展，我们得到如下启示。

（一）教育的"智慧转型"迫在眉睫

韩国和新加坡的智慧教育发展战略均以 2015 年作为关键的时间节点。韩国希望所有中小学全面使用数字教科书，逐步淘汰纸质教科书，并以此为核心带动教育方式的全面变革。新加坡则将信息技术完全渗透到包括教育在内的各行各业中，以期打造一个全球化的智慧国家。与之相比，我国的智慧教育才刚刚起步，尽管祝智庭、黄荣怀、杨现民等学者对智慧教育理念与智慧教育环境的体系架构等方面进行了深入探讨，北京、上海、苏州、宁波等一、二线城市也开始了智慧教育方面的尝试，部分 IT 企业也提出了智慧教育解决方案，但政府、社会和教育机构对智慧教育的认识仍不统一，智慧教育的发展也缺乏来自各方面的推动力量。智慧教育对于我国教育而言是一次千载难逢的"教育引领世界"的好机会，我国必须加速研究和推进。

（二）智慧教育理论亟须突破

目前，各国的智慧教育发展或多或少都存在技术和应用先行而理论相对滞后的状况，各国对技术沉浸环境中的学习与认知规律缺乏深入的研究和清楚的认识，在一定程度上忽视了智慧教育理论的发展。以传统教育理论去指导教育变革，对学习者"智的激发"必然事倍功半。新一代信息技术使教育工作者对教育现象有了更加丰富的认识，对于在教育过程中产生的海量数据的分析与挖掘也可以使教育工作者更加容易透过教育现象归纳出教育和学习的本质。因此，智慧教育理论和实践的发展相辅相成，仅靠实践"一条腿走路"是行不通的。只有通过智慧教育理论指导教育实践，在教育实践中验证并不断完善这些理论，如此循环往复，才能促进智慧教育的良性发展。理论上的突破，也要紧紧围绕建构中国特色的智慧教育道路而进行。

（三）加速建设以学习者为中心的智慧教育环境

智慧教育环境是智慧教育开展的基础，脱离了智慧教育环境，智慧教育便无从谈起。纵观各国的智慧教育发展战略，无一例外都强调智慧教育环境的建设，强调将技术融入学校、家庭、社区等现实教育环境，以及在线课堂、远程教学等虚拟教育环境，将其无缝整合为以学习者为中心的智慧教育环境，使学习可以随时随地地进行，保证学习的无障碍性和连续性。

智慧教育环境应通过物联网、云计算、大数据等新一代信息技术，感知教学发生的情境，自动判断学习者的特征与学习需求，根据学习者的个体差异提供个性化学习工具与资源，为学习者创设可虚拟的互动学习情境，为其提供个性化的独特学习体验，有效地激发学习者的学习兴趣，培养学习者的自主学习能力、探究能力以及创造能力。智慧教育环境应能够将简单的、结构性的、非挑战性的任务交由计算机处理，让学习者将更多的时间和精力集中在完成复杂的、非结构性的，以及具有挑战性的任务之上。

（四）将教与学方式的根本转变作为智慧教育的核心

智慧教育将信息技术与教育进行深层次的融合，构建智慧教育环境，提供智慧资源、评价和管理等服务，为新的教学模式与学习方式的实现创造了条件。而智慧教育环境也需要从根本上变革教学方式和学习方式才能充分地发挥其价值。教与学方式的变革是各国智慧教育的核心目标之一，我国也要顺应国际智慧教育发展的趋势，通过教与学方式的变革带动整个教育环境的结构性升级。韩国期望通过电子教科书的普及实现教与学方式的根本性转变，我国可以借鉴这一方式，并通过建设促进深层次学习的网络学习资源，建设立体学习资源，更好地促进学习方式的转变。

要实现这些转变，就要颠覆传统观念，摆脱已有思维对教学的束缚。目前的翻转课堂、微课等就是利用技术对现有教学方式进行改造与变革的较成功的范例。教育工作者应在此基础上继续探索更多适合智慧教育的新型教学模式，充分利用教育大数据进行科学的分析与评价，有效提升教与学的效率和质量。我国探讨的"视—传—研—创"教育模式，值得高度重视，要力求在模式、内容、评价、平台等方面全面支持学习者的研究和创造。智慧教育对教师的信息技术应用能力也提出了更高的要求，教师应将技术融入整个教学过程，为学生创设个性化的学习体验，对学生进行持续、全面的跟踪评价。

（五）顶层设计、以点带面，汇聚多方力量共建智慧教育生态系统

智慧教育的实现是一项宏大的系统工程，离不开国家政策层面的引导与推进。走在智慧教育发展前列的国家，无一不是根据本国教育信息化的发展状况，在已有的教育信息化战略实施的基础之上，进行严密论证，制定出切实可行的智慧教育发展战略的。我国应尽快制定智慧教育建设指南与发展水平评估标准，有序推进全国各地智慧教育的建设与发展。

国家推动智慧教育变革，并不意味着立刻在全国范围内进行推广。韩国、新加坡等国家都是先选择师生信息化素养较高、具备智慧教育变革条件的学校或地区进行试点；充分发挥试点学校或地区在促进信息技术教育变革中的示范作用，以点带面，逐步推开，使其他学校可以借鉴其经验，然后更快捷地将技术与课程和教学相融合，最终达到实现智慧教育的目的。我国应加强政府、学

校和相关企业的紧密合作、通力配合，打造具有中国特色的智慧教育示范区，探索智慧教育建设与应用模式。此外，我国还应加快推进智慧教育系列标准的制定和智慧教育产业的发展。

第四节　智慧教育体系与智慧校园的构建

以云计算为基础、以物联网为支撑的智慧教育是教育信息化的发展方向；打造新时代的智慧校园，是智慧教育的前提条件和物质基础。随着教育信息化进程的推进，学习、教学、科研、管理过程中无时无刻不在产生着海量数据。大数据处理以及云计算已经日趋成熟，这些都为智慧校园的构建提供了关键支撑技术。

自从 2008 年 IBM 首次提出"智慧地球"的概念，智慧地球战略得到了世界各国的普遍认可。智慧城市作为智慧地球战略的重要组成部分，已被众多发达国家纳入科技发展规划。2012 年 12 月，我国正式启动了国家智慧城市试点工作。教育对未来城市的发展起着决定性的作用，随着交通、医疗、物流、能源等各个领域智慧化水平的不断提升，教育领域面临着前所未有的压力和挑战。智慧教育的发展水平目前在我国信息化产业体系中处于落后位置，是制约国家信息化整体水平提升的"短板"。如何提升智慧教育的发展水平，与其他领域的发展并驾齐驱，是未来智慧城市发展面临的重大现实问题。

智慧教育体系立足于成熟的智慧校园建设。我国校园信息化初始于 20 世纪 80 年代，前期十多年主要是校园网络和分散独立的管理信息系统建设。最近两年，数字校园已经升级为更高层次的智慧校园，这些都为创建新时代的智慧教育体系打下了坚实的物质基础。智慧校园是信息技术高度融合、信息化应用深度整合、信息终端广泛感知的数字化校园。它既是一个教学环境，又是一个教学系统，也是一个教学空间；它既有教育的特征，又有技术的特征和文化的特征等多重属性。

一、智慧教育体系

智慧教育是指在教育领域（包括教育管理、教育教学和教育科研），全面深入地运用现代信息技术来促进教育改革与发展的过程。其技术特点是数字化、网络化、智能化和多媒体化，基本特征是开放、共享、交互、协作。智慧教育的核心理念就是充分利用当前社会最前沿的信息技术，建立多层次、创新型、开放式的现代学校，提高办学的质量和效率，以新的人才观、教学观和管理理论为指导，超越传统的教育模式，以便于培养适应信息社会需求的创新型人才。智慧教育的发展，带来了教育形式和学习方式的重大变革，促进教育改革，对传统的教育思想、观念、模式、内容和方法产生了巨大冲击。

　　智慧教育是国家信息化的重要组成部分，对于转变教育思想和观念、深化教育改革、提高教育质量和效率、培养创新型人才而言，具有深远的意义，是实现教育跨越式发展的必然选择。未来教育信息化将在教育云平台上展现，随着教育信息化平台的发展而得到广泛应用。

二、智慧校园的构建概述

　　打造智慧教育体系，要以良好的数字化校园为基础，构建智慧校园。智慧校园是高校信息化的高级形态，是对数字校园的进一步扩展与提升。它综合运用云计算、物联网、移动互联、大数据、智能感知、商业智能、知识管理、社交网络等新兴信息技术，全面感知校园物理环境，智能识别师生群体的学习、工作情景和个体的特征，将学校物理空间和数字空间有机衔接起来，为师生建立智能开放的教育教学环境和便利舒适的生活环境，改变师生与学校资源、环境的交互方式，实现以人为本的个性化创新服务。

　　智慧校园具有几大特征。从技术层面上看，其是一个融合的网络技术环境，是广泛的信息终端。从功能层面上看，其能提供快速、综合的业务处理服务，能提供管理与决策支持服务，能提供个性化的信息服务，按需配置教学资源与技术服务。从应用层面上看，其有智慧课堂、智慧社区等。

　　在构建智慧校园的时候，我们要做以下考虑：在学校管理方面，打破校园的"信息孤岛"局面，实现信息管理一体化、流程化和智能化；在教学资源方面，实现区域内各学校软硬件动态均衡配置，充分共享；在教学应用方面，充分利用信息技术支持师生多样化、个性化的教与学的需求，让教学更轻松、学习更自主、互动更及时、评价更准确；在学习社区和校园文化方面，构建家校互通的、及时分享与交流教育智慧的绿色学习社区。

三、智慧校园的技术结构

　　智慧校园强调融合，在智能感知技术、物联网技术、移动互联技术、大数据技术和云计算技术的支撑下，物理校园和虚拟校园已经越来越不可分开，师生的活动已经处于一个物理空间和数字空间相融合的智慧校园中。需要建立以大数据为核心，以智能感知为神经末梢，以移动互联为神经网络，以智慧应用为依托，以自适应、个性化用户交互为目标的智慧校园信息化支撑平台，实现校内各项业务的智慧型应用。智慧校园体系结构可以分为以下几部分。

（一）智能物理层

智能物理层采用各种智能设备的采集技术，实时获取各种数据，实现对校园内教师和学生的活动状态、各种智能仪器设备的运行状态等的全面感知，为智慧校园提供采集海量数据的物质基础。

智能物理层综合采用有线和无线网络技术，实时传输各种数据，通过互联网接入各种网络设备，实现台式机大中型终端、手机平台等移动端的随时移动以及无缝通信，为智慧校园提供宽带泛在的网络基础。

（二）大数据层

大数据层是智慧校园的核心，包括数据的存储与计算的物理平台、信息收集与数据管理平台，以及数据分析处理的应用支撑平台，是连接智慧校园各部分、汇聚智慧校园各种信息的枢纽，为智慧校园提供坚实的数据基础。

（三）智慧校园应用层

智慧校园应用层包括各种智慧型的校园信息化业务应用，是智慧校园发挥作用的关键，也是智慧校园建设的重点。与传统的校园网络应用不同的是，它更加依赖于对大数据和云计算技术带来的智慧数据的采集和挖掘。

（四）智慧校园应急保障体系

智慧校园应急保障体系支持各种智能终端，为各类用户提供与其所处环境、所用终端相适应的多屏交互模式。实时交互为各种安全保障提供了可能，这包括信息安全保障体系、系统运维服务体系等。这是智慧校园的安全保障环节。

四、构建智慧校园的关键支撑技术

（一）大数据

随着智慧教育进程的推进，学习、教学、科研、管理过程中无时无刻不在产生着海量数据，对这些数据的处理依赖大数据技术。"大数据"这一概念自2011年提出以来，已成为当前最为炙手可热的IT技术之一。大数据的来源广泛，包括海量的、多样化的交易数据、交互数据与传感数据。大数据技术是一系列收集、存储、管理、处理、分析、共享和可视化技术的集合。大数据并非等同于大量的数据，它具有两个重要的特征——跨领域数据的交叉融合与数据的流动生长。

大数据技术将学校日常运作、管理与服务的数据分析整理，构建数据仓库系统加以充分利用，将会发现这些数据新的价值。比如：在招生就业方面，可以分析专业与就业的关系，调整学校的专业设置；在教学方面，可以通过对校企合作内容与实习时效等数据的分析，调整教师的教学方式方法，改进人才的培养模式；通过消费记录，可以帮助贫困生进行公平、公正的奖、助学金的评定；通过对图书馆的借书数据进行分析，可以调整图书馆的图书管理等。这些信息和数据是辅助各级管理人员进行科学决策的重要依据，对学校的可持续发展具有十分重要的现实意义。需求分析的中心工作是提出主题需求，主题需求是由单位决策部门及决策人员以及相关单位所提出的一种协助决策需求。

大数据技术最核心的价值在于对海量数据进行存储和分析。相较于数字校园，智慧校园最核心的特征是通过各种智能终端、可感知设备和信息系统，获取海量的活动过程与状态数据，并基于这些海量数据分析来掌握事物的规律，开展智慧应用。其中最重要的是对于高校大数据的组织与建模，这是挖掘大数据价值的关键所在。

（二）云计算

云计算是基于互联网相关服务的增加、使用和交付模式，通常涉及通过互联网来提供动态易扩展且虚拟化的资源。智慧校园作为复杂巨系统，只有采用开放、整合、协同的信息化架构和可动态配置资源、高可扩展性、按需服务的云计算模式，才能提供很好的基础设施支持。

（三）物联网

物联网利用局部网络或互联网等通信技术，把机器、人员和物品等通过新的方式联系在一起，形成人与物、物与物相联，实现智能化识别、定位、跟踪、监控和管理，为智慧校园提供了物质基础。

（四）社交网络

社交网络包括硬件、软件、服务及应用，是一个能够相互交流、相互沟通、相互参与的全球互动平台。这对于师生的交流、协作与知识共享尤为重要，因此也是实现智慧校园的关键技术。

（五）文化管理

文化管理是对文化、文化的创造过程和文化的应用进行规划和管理。文化管理也是智慧校园的关键技术之一。

智慧教育研究还存在很多亟待解决的关键问题，主要包括智慧教育基础环境的建设、智慧教育资源开发、智慧型教师队伍的培养等。我们可以从多方面着手，推进智慧教育建设。

在教学方面，利用现有的智慧教育体系，实现教学资源、信息资源和智力资源的共享与传播。同时，引进创新教学手段和方式，形成开放、高效的教学模式，以更好地培养学生的自身素养及创新能力。

在办公管理方面，利用智慧教育体系中的网络技术及大数据管理等功能，可以更好地推进校园办公自动化的应用，实现上下级部门之间更迅速、更便捷的沟通，实现不同职能部门之间的数据共享与协调，提高决策的科学性和民主性，减员增效，降低管理成本和耗材。

在公共服务体系方面，建立覆盖学校教学、科研、管理、招生等各个领域的宽带高速网络环境，建立网络化服务项目，包括电子消费，电子医疗等，深化智慧校园的概念和建设。

第二章　智慧校园的理论研究

第一节　智慧校园建设的理念

　　智慧校园建设是在教育信息化 2.0 的时代背景下，为促进技术与教育的深度融合、护航智慧教育、形成教育新形态、实现教育现代化而开展的校园教育生态系统的体系重构，需要在教育现代化、教育信息化 2.0 和智慧教育的三重视角下来明确其理念与目标，通过全面感知、全量数据、全息画像、全过程测量与评价四大特征来理解其内涵。智慧校园建设要以服务高校的行政管理与学校治理，服务师生学习、工作、生活需求，服务教育教学改革，服务思想政治工作和各教育利益相关共同体为基本功能定位，并将智慧云中心、硬件环境、应用平台及教学数据资源等软件、智慧模块、体制机制、人才队伍六项内容作为主要建设任务。

　　智慧校园是教育信息化发展的必然产物，建设智慧校园是高校开展智慧教育的基本要求。2018 年 4 月，《教育信息化 2.0 行动计划》发布之后，各高校加大从数字化校园向智慧校园建设的转型升级力度，积极开展理论研究和实践探索。随着教育现代化的持续推进，智慧校园的建设理念、思路、内涵、功能都需要不断发展、创新，以更好地指导建设的实践活动。

一、三重视角明确智慧校园建设的理念与目标

　　第一，在教育现代化的语境中确立智慧校园建设理念。顾明远教授提出，教育现代化是以现代信息社会为基础，以先进教育观念为指导，运用先进信息技术的教育变革的过程，是传统教育向现代教育转变的过程，具有教育的民主性和公平性、教育的终身性和全时空性、教育的生产性和社会性、教育的个性

和创造性、教育的多样性和差异性、教育的信息化和创新性、教育的国际性和开放性、教育的科学性和法制性八个方面的基本特征。

教育现代化是教育理念、内容、技术、模式、管理、制度等全方位的现代化，其中互联网创新思维、物联网技术、大数据及人工智能等现代先进理念和技术的应用不仅是教育现代化的基本特征，更是实现教育现代化的重要手段。在教育现代化的语境中思考、探讨智慧校园建设，就能够更深刻地理解智慧校园既是教育现代化中体现信息化和创新性特征的重要内容，也是为教育现代化提供技术服务和方法创新的基础性、保障性工作，就能够更好地避免技术崇拜，不会把对大数据、云计算、物联网、人工智能等技术的应用作为智慧校园建设的主导甚至唯一的内容。事实上，正因为很多高校缺乏教育现代化的语境，而单纯以技术为主导推进智慧校园建设，没有从教育观念、管理理念、教学模式等教育现代化要求的高度进行系统思考，使智慧校园建设从顶层设计开始就陷入思维误区，在具体实施过程中也因偏离了方向而举步维艰。

第二，在教育信息化 2.0 背景下谋划智慧校园建设思路。2017 年 10 月，前教育部副部长杜占元接受《中国教育报》记者采访，在论及新时代以教育信息化全面推动教育现代化时指出，教育信息化必将带来教育理念的创新和教学模式的深刻革命，必将成为促进教育公平和提高教育质量的有效手段，必将成为泛在学习环境和全民终身学习的有力支撑，必将带来教育科学决策和综合治理能力的大幅提高。教育部 2018 年 4 月印发的《教育信息化 2.0 行动计划》指出："站在新的历史起点，必须聚焦新时代对人才培养的新需求，强化以能力为先的人才培养理念，将教育信息化作为教育系统性变革的内生变量，支撑引领教育现代化发展，推动教育理念更新、模式变革、体系重构，使我国教育信息化发展水平走在世界前列，发挥全球引领作用，为国际教育信息化发展提供中国智慧和中国方案。"

教育信息化 2.0 对教育的影响是广泛而深远的，具体到高校而言，智慧校园建设就是高校实施《教育信息化 2.0 行动计划》的重要内容和现实载体。智慧校园是教育信息化 1.0 时期数字化校园建设的版本升级，从建设理念、实施策略、技术架构、建设内容等各个方面都有质的飞跃。其重心从学校教学、管理、服务的方法手段改革转向深层次推进教育理念、人才培养、学校治理等办学思想变革。智慧校园是实现《教育信息化 2.0 行动计划》提出的教育理念创新和教学模式深刻革命、教育质量有效提升以及教育科学决策和综合治理能力大幅提高等目标的基础保障。

第三，在智慧教育的概念框架中确定智慧校园建设的具体目标。祝智庭教授认为，信息时代智慧教育的基本内涵是通过构建智慧学习环境，运用智慧教学法，促进学习者进行智慧学习，从而提升其成才期望，即培养具有高智能和创造力的人，利用适当的技术智慧地参与各种实践活动并不断地创造价值，实现对学习环境、生活环境和工作环境的适应、塑造和选择。《教育信息化2.0行动计划》中实施行动的第七项"智慧教育创新发展行动"提出："以人工智能、大数据、物联网等新兴技术为基础，依托各类智能设备及网络，积极开展智慧教育创新研究和示范，推动新技术支持下教育的模式变革和生态重构。"

　　智慧教育不仅仅体现在教育环境的智慧化上，还体现在教与学的智慧化、教育管理的智慧化、教育科研的智慧化、教育服务的智慧化、教育评价的智慧化等多个方面，是信息化推动下的全方位教育变革。智慧环境的构建是智慧教育的前提，智慧环境包括智慧教学环境、智慧学习环境、智慧管理环境、智慧服务环境等。因而，智慧校园建设的核心任务就是构建智慧环境，为高校开展智慧教育提供物质基础、技术支持和系统准备。智慧校园建设是智慧教育的重要组成内容，是实现智慧教育的必由之路。

二、四项特征把握智慧校园建设的核心内涵

　　智慧校园往往被认为数字化校园的升级版本，是数字化校园建设的高级阶段，但笔者却认为智慧校园从建设理念、功能、内涵、特征等各个方面都与数字化校园有着本质的区别。高校现有的数字化校园建设可以为智慧校园建设打下良好的硬件基础，建设方案、思路、制度、经验等可以为智慧校园建设提供很好的参考与借鉴。但数字化校园并不是智慧校园建设必须经历的阶段，甚至要警惕成熟的数字化校园在建设理念、方案、制度、流程等方面阻碍智慧校园的创新与发展。与数字化校园相比，全面感知、全量数据、全息画像、全过程测量与评价是智慧校园所具备的重要特征。

　　第一，全面感知的物质环境是智慧校园的硬件基础。全面感知专指全视点、全方位、全过程、全特性的感知。理想状态的全面感知，在空间维度上任意视点、任意视角采集系统快照，在时间维度上时刻保持系统运行状态。当然，在现实中做到理想的全面感知既不可能也不必要，只需要根据智慧校园各项应用的实际需求来进行规划、设计并确定感知的内容、时间，做到有限定的全面感知以满足系统功能的实现。物联网的普及和大数据、云计算技术的应用，为建成全面感知的智慧校园提供了基础条件和技术保障。在全面感知的环境中，分布在校园道路、图书馆、宿舍出入口、计算机显示器、智能手机等各处的摄像

头，遍及运动场馆、教学区、学生生活区等区域的自助设备、传感设备等，都可以随时随地地感知、获取有关人员及设备设施的信息，成为各种结构化、半结构化、非结构化数据的收集工具。智慧校园不仅可以采用传统方式通过系统交互要求相关人员手工录入系统需要的数据，而且可以在课堂教学、实验实训、生活服务等过程中半自动收集、生成各类信息，或是根据系统设定以设备感应、数据挖掘等方式自动地、无感知地获取其所需要的信息。全面感知的技术与硬件环境为全量数据的获取奠定了物质基础。

第二，全量数据是智慧校园实现智慧应用的基本信息保障。数据是信息化的最基本元素，全量数据是智慧校园相对于数字化校园的根本区别。智慧校园所要求的全量数据体现在数据的表达形式多样上，其既有完备的结构化数据，又有大批量的半结构化、非结构化数据；体现在数据来源广泛上，其既有在常规方式下用户根据系统要求手工输入的数据，又有在用户使用过程中交互生成的数据和通过摄像头、感应设备等自动采集的数据；体现在数据内容覆盖全面上，全体人员在校园内学习、生活、工作、运动等方方面面的数据都可以根据需要进行合法采集，各类设备在运行、使用过程中的数据都自动提交存储；体现在数据获取迅速、及时上，尤其是采用自动、半自动方式采集数据，能够根据系统需要即时进入数据中心进行分析处理，而不受限于具体操作人员的时间安排。全量数据的收集为各类人物或事件全息画像的描绘提供了可能，为运用大数据技术及人工智能开发各类智慧应用创造了条件。

第三，全息画像的描绘是智慧校园服务于智慧教育的重要内容。全息原指存储物体全方位信息的技术，借助信息载体发射的衍射光，可以获得与实物完全一致的三维表达。当从不同的位置观测全息载体时，我们能观察到与真实物体一致的像的变化。本节用全息画像来形容在全面感知、全量数据的基础上，对人物或事件进行全方位、全特性、全过程的逼真表达。在数字化校园时代，由于各个应用系统是独立建设的，单就学生的各类信息而言，就分布在学工系统、教务系统、财务系统、图书馆系统等全校十几个甚至几十个孤立的业务系统之中。各业务系统之间的数据缺乏共享，同一名学生在每一个系统中的数据都不全面，很多字段又常常在不同的业务系统中重复出现，其一致性、准确性都难以保证。再加上传统数字化校园时期各业务系统基本上是按照自身需要而采集的结构化数据，大量有价值的过程性、半结构化数据被丢弃。智慧校园从根本上改变了数字化校园时期由各业务系统分别收集、管理、使用数据的"信息孤岛"现象，通过对大数据中心的建设，按照全量数据采集的要求，实现从单系统应用向全生命周期管理的转变，为学生、教师等各类人员及各种事件的全息画像描绘提供了可能。例如，学生从被录取开始到毕业离校为止，期间所有相关的数据均能够通过大数据中心建立关联，从而生成涵盖学生学习、生活、运动、实践等各个方面的全方位画像，而且可以做到实时、动态，完全不同于单一、静止的画像效果，有利于开展对学生的全面、客观、公正的评价，有助于指导、激励其更好地成长，也有助于学生实事求是、完整准确地认知自我，实现学生的自我管理与自我激励。

同样，对于教师画像的描绘，也能够真实、全面地反映教师课堂教学、学生指导、社会实践、科学研究、社会服务等方方面面的工作内容与成绩，从而可对其进行个性化的、客观的分析与评价。全息图谱的描绘为更好地指导学生的成长和教师的发展创造了条件，为科学、有效地开展教育与管理提供了依据。

第四，全过程测量与评价是智慧校园助推管理能力与治理水平提升的基本手段。智慧校园全面感知的环境基础和技术条件为收集、存储、分析各类事件的过程性数据提供了可能，从而为开展过程性测量与评价创造了条件。这样我们不仅可以准确掌握事件的当前状态，还可以从各个角度了解事件发生、发展的整个过程，并预测未来的发展趋势，从而为提前实施有针对性的干预提供依据。通过开展对过程性数据的分析，我们也能够更加科学地对事件进行评价。如具体到学生的课程学习，现在很多学习平台已经开展了这方面的尝试，通过对学生日常的课堂出勤、课堂互动、作业完成、测验成绩等过程性数据进行分析、判断，开展过程性评价，发现问题，要求改进，或提出表扬，进行鼓励，对其学习进行有针对性的正向干预，并监测干预成效，而不是在期末总结性评价时才给出结论。其他如学生管理、教师培养、学校治理等方方面面的工作，都可以参照这一思路，发挥智慧校园的优势，通过对过程性数据的分析，提高学校的预测水平和预先干预能力，提升评价的准确性、科学性，提高教师的治理能力和管理水平。

三、五大服务明晰智慧校园的基本功能

智慧校园是高校推进教育现代化的信息化基础，是实施教育信息化 2.0 的重要内容，是开展智慧教育的环境保障。在新时代以教育信息化推动教育现代化的大背景下，高校智慧校园建设要以服务为基本功能定位，为行政管理、学校治理、教学改革、育人手段创新、科研能力提升、生活便捷、社会环境优化等提供技术支持，为实现高校的教育教学生态重构创造条件。

第一，提供全量数据支持，服务行政管理与学校治理。智慧校园通过智慧

云中心建设，实现全量数据的存取和大数据中心的集中管理，消除数字化校园时期的"信息孤岛"现象，做到数据的信息要素丰富、内容全面、实时性强、安全性与可靠性高，能够为各智慧管理应用模块的开发提供有力的数据支持，为学校管理层的科学决策提供翔实的信息支撑。在此基础上发展的各项管理类应用可以使管理流程更优化、办事程序更简化、协同工作更便捷、信息共享更充分，能够有效提高学校管理层的工作效率和管理决策水平。

浙江的"最多跑一次"改革，为推进治理体系和治理能力现代化提供了实践样本。这项改革使权力运行从处科股的"小循环"变成部门内部的"中循环"、跨部门的"大循环"，实现行政审批更简、监管更强、服务更优；使互联网、大数据与政务服务紧密结合起来，加快迈向"数据政府""智慧政府"；使政府组织结构进一步变革，部门职责关系进一步理顺，加快了机构改革的步伐。政府"最多跑一次"改革实践，也为高校推进管理水平提升和治理能力现代化提供了成功样本。智慧校园要服务于高校的"最多跑一次"改革，为高校提升治理能力提供信息支持和硬件环境保障。

第二，构建智能物理环境，服务师生的学习、工作、生活需求。构建以物联网为基础的情境全面感知、网络快捷互通、资源有效交互、信息处理便捷的智能物理环境，为师生学习、工作、生活提供个性化服务，是智慧校园建设的基本要求。从用户的角度来看，一方面，师生是数据的生成者与提供者，能够在学习与工作过程中采用系统交互或设备感应等方式方便甚至无感知地输入系统所需的公共及个性化数据；另一方面，师生可以应用手机移动终端、自助服务设备、办公计算机等方便快捷地获得各项服务，如查询信息、办理业务、获取资料、网上学习等，并且在大数据和人工智能技术的支持下，获得个性化的、有针对性的智能服务。

第三，搭建智慧教学平台，服务教育信息化2.0时代的教育教学改革。《教育信息化2.0行动计划》提出，要促进教育信息化从融合应用向创新发展的高阶演进，信息技术和智能技术深度融入教育全过程，推动改进教学、优化管理、提升绩效；要构建一体化的"互联网+教育"大平台。根据这些要求，高校智慧校园建设要通过搭建智慧教学平台，服务于教育信息化2.0时代的教育教学改革。当前高校在开展课堂教学、课外实训的过程中，微课、慕课、专业教学资源库、自主学习平台、实验实训软件等教学系统和资源平台数不胜数，教务管理系统、教学诊断改进系统、学业评价系统等业务系统各自为政，各类平台与系统之间的教学数据需要通过智慧校园中智慧教学平台的建设，实现数据统一汇总、过程统一管理、评价统一开展，并且结合课堂考勤、活动参与等数据，开展学生学业形成性教学评价，将过程性结果实时反馈给学生，开展有深度、有力度、有精度的教育教学改革，并以此推动教师在智慧教育背景下的教育理念更新、教学方式革新、教学方法创新，提升教师运用现代教育技术提升教育教学成效的能力与水平。

第四，搭建智慧思想政治平台，服务高校思想政治工作。习近平总书记在全国高校思想政治工作会议上指出："做好高校思想政治工作，要因事而化、因时而进、因势而新。……要运用新媒体、新技术使工作活起来，推动思想政治工作传统优势同信息技术高度融合，增强时代感和吸引力。"智慧校园以其独特的信息化优势，可以为高校思想政治工作提供新的理念、新的思路和解决方案。

通过搭建智慧思想政治平台，服务于思想政治理论课程教学和实践育人，服务于日常的学生工作，相关教师就可以运用全量数据的智能分析功能，锁定重点学生，开展有针对性的指导，及时反馈学习成绩等方式，做到对学生思想动态的掌握更准确及时、教育引导针对性更强、分析预测更智能、反馈激励更有效，从而提升高校思想政治教育的针对性、实效性，实现高校立德树人的育人目标。

第五，搭建互动交流平台，服务教育利益相关共同体。高校不是与世隔绝的"象牙塔"，无论是人才培养、社会服务、科学研究，还是文化传承与创新，都要与社会开展密切联系。智慧校园要通过搭建互动交流平台，使学校、教育行政部门、企业、学生家长等各利益相关者能够准确、全面、及时地获得信息，促进相互之间更加深入了解、沟通更加顺畅、合作更加紧密。如建设家校互动平台，适时将学校的教育理念、人才培养模式、教育活动安排等信息传递给家长，及时将学生在校学习、生活等过程性数据推送给家长，建立家长与班主任、辅导员的交流机制，就能够最大限度地调动家长力量参与学生的教育过程，提升人才培养质量和学校的社会影响力。

四、六大任务确定智慧校园建设的主要内容

智慧校园建设不是简单的信息化工程，是新一代信息技术与教育深度融合的系统工程，需要成为高校层面的重点工作统筹推进，以调动全体师生的力量共同参与。在顶层设计的前提下统一规划、分步实施，并制定相应规章制度进行保障。其建设任务可以简要分为以下六个方面。

第一，智慧云中心建设。智慧云中心是智慧校园的"大脑"，要放在首要位置。智慧云中心要提供统一门户、统一身份认证、统一接口和统一大数据中心等基

础支持服务，能够有效整合现有的软件、硬件资源和信息数据资源，为全校提供计算、存储、网络安全等计算资源服务，为各应用系统贯通与集成提供保障，形成基于统一数据环境的安全、集成、智能的信息服务平台，成为全校数据存储、数据交换、数据运算、网络管理、应用服务的中心和枢纽。

第二，硬件环境建设。信息网络、服务器系统、存储系统、各类传感设备、自助设备等硬件系统是智慧校园的硬件基础。信息设备的更新周期短、技术迭代速度快，因而需要在顶层设计的基础上，结合经费预算和功能要求有计划地分步实施，以适度、够用为原则，避免盲目地贪大求全，更要避免将硬件建设作为智慧校园建设的焦点。

第三，应用平台及教学数据资源等软件建设。应用软件系统是智慧校园的核心内容。在数字化校园时期，各项应用是按照业务进行划分、单独建设的，从而形成"信息孤岛"，相互之间缺乏数据共享。智慧校园要通过智慧云中心将现有的教务、学生工作等管理系统以及慕课、微课等教学资源进行整合，形成统一的大应用平台，并要求新发展的教学、管理、服务等应用必须基于平台进行开发、集成，成为统一接口、协同运作的整体。

第四，智慧模块建设。智慧模块是智慧校园的灵魂，是基于智慧云中心的数据、计算等资源，运用人工智能和大数据技术，根据智慧管理、智慧服务、智慧教学等需要而开发的体现智慧特性的应用模块。这类模块可以融合在各应用系统之中，也可以独立于具体的应用系统而存在，如个性化学习策略分析、学生交往与心理问题智能诊断等模块。智慧模块本是软件系统建设的不可分割的重要组成部分，本节之所以单独列出，是为了突出其在智慧校园中体现智慧特性的特殊作用，强调其作为智慧校园建设过程中实现各项应用创新的特殊地位。

第五，体制机制建设。智慧校园建设不是简单的硬件建设，而是高校教育、管理、服务理念的一次变革，影响到行政管理和学校治理，关系到教育教学改革创新。如果没有体制机制建设作为保障，智慧校园建设是难以持续获得成效的。智慧校园建设直接关系到信息技术与教育教学的深度融合和教育的创新发展，因此，在高校中建立"三个一"的组织机制并加以保障，就显得尤为必要和迫切。"三个一"就是学校的"一把手工程"，设立副校级的首席智慧官（CWO）这"一新职务"，建立由学校多部门参与的信息化与智慧教育中心的"一个综合机构"。

第六，人才队伍建设。人才队伍是智慧校园建设的根本支撑。高校智慧校园建设还处于起步阶段，新理论的探索、新应用的开发、新技术的运用、新方法的实施等都离不开专业人才的支持。因此，高校对于智慧校园的设计者、建设者、管理者、使用者的培养都需要给予充分的重视和大力的支持，他们是推进教育教学改革、引领技术应用创新、推动高校信息化建设的骨干力量，是实现智慧教育的基本保障人员，不能被视为边缘化的教辅人员而将其作用弱化。

第二节　智慧校园建设的特征、总体架构及应用

智慧校园体系其实就是指在校园进行整体建设时，将大脑运行的类似方式运用在校园日常管理工作之中。近些年，我国社会发展速度不断加快，国家对于教育的重视程度不断提高，校园建设的相关问题，更是受到社会的重视。因此如何建立智慧校园的总体架构，是当前高校需要重视的问题。本节对于智慧校园的特征进行探究分析，了解智慧校园总体架构的模型，进一步指出当前智慧校园的实际应用情况，希望可以推动我国教学水平得到进一步的提升。

现阶段，我国科学技术发展速度不断加快，我国居民对于教育信息化有了更高的要求。当前我国校园逐步由传统校园向数字化校园、电子校园阶段发展，正处于向智慧校园转变的重要阶段。目前智慧校园主要是以互联网为基础，以大数据、云计算等技术为关键性技术，形成校园的信息系统资源，为师生提供更全面、更详细，以及更便利的智能化、便捷化的服务。

一、智慧校园的特征

（一）宽带网络互联高速泛在

在智慧校园的建设过程中，我们对于移动互联网以及物联网更加注重，因为移动互联网以及物联网的建设，可以使校园中的广大师生，以及人与物之间形成全方面的互通，可以为师生提供更加便利、高速以及泛在的基础网络环境，使师生可以不受时间以及地点的限制，得到更加高效的服务。例如，通过智慧校园的建设，学生的上课方式更灵活，教师的教学计划安排更方便，学生可以利用移动互联网实现随时随地地根据自身需求自主安排学习时间并获取自己所需的内容。教师也可以利用互联网实现备课方式、教学计划的信息化，这样不仅提高了备课效率，还提升了教学质量。更重要的是通过互联网、物联网的使用，学生吃饭再也不用排队了，去图书馆再也不用占座位了。这不仅方便了学生，也提升了学生的学习、生活效率。

（二）智能环境感知实时全面

各种智能感应的技术，如光线、位置、温湿度以及压力等技术，在当前校园之中得到了十分广泛的应用，从而使工作人员可以实时获得更加全面以及详细的监测信息，满足师生个性化的需求。例如，我国现阶段很多职业院校的物理、化学专业都需要建立专门的实验室，而有些实验室对于温度、湿度及光线的要求比较高，如果用传统的实验室管理办法，不仅耗费大量的物力、人力，还会因为监测不准确而影响实验的准确性。通过智慧校园的建设，学校可以利用智能环境感知系统，实现科学、准确的监测，这对于高校实验室的建设与维护大有裨益。

（三）业务应用智能全面融合

当前智慧校园在实行的时候，其信息化的架构有开放、协同以及整合的特征，从而充分发挥其整体的效能。目前，学校选择使用智能融合技术，可以对大量的数据信息进行储存、计算以及分析，进一步使决策能力得到提高，实现智能化、高效化，降低出现误差的概率。例如，随着当前素质教育的不断推进，中职教育的教学目标也不在单纯局限于为学生提供专业的知识，中职院校必须以提升学生的综合素养为导向，以培养我国社会主义现代化建设合格的人才为目标，这就对中职院校的教学模式提出了新的挑战。在新形势下，中职院校不仅要做好学生的专业教育工作，还要做好学生的思想、就业指导工作。通过智慧校园的建设，中职院校可以通过学生的网页浏览记录，学生的微博、微信动态合理统计学生的思想状况和就业方向，通过大数据的合理分析为学生提供专业的指导。

（四）海量数据智能挖掘分析

目前的智慧校园会收集到大量的数据信息，工作人员可以通过构建相应的数据模型，通过立体合理的分析，以及科学的预测方式，将全面的数据信息进行融合，从而完成智能化的推理以及对信息的挖掘和分析。例如，智慧校园以大数据为载体实现对教学、就业、学生全方位信息的整合，不仅可以通过完善的数据更好地分析当前学校面临的问题，提出科学的解决措施，还能提升教学质量，更好地服务学生。

（五）智能服务友好，个性化便利

在我国高校之中建设智慧校园，能够更加强调个性化的服务理念，使其可以针对不同类型的用户，提供专属的功能，从而满足用户不同的需求侧重。另外，智慧校园可以为广大师生提供更加友好的服务界面，使其有更加便捷化以及个性化的服务。例如，中职院校每个学生的学习基础和学习能力不同，他们所需要学习的内容和希望学校为他们提供的服务也不一样。中职院校通过大数据的建设，可以全面收集学生的个人信息，且根据学生的日常搜索记录，通过智能数据分析，为学生筛选有效信息，满足学生个性化的需求。此外，中职院校的教师面对的学生可能是一个班级或者多个班级，这些班级虽然是同一专业，但是需求却不一样，有的可能需要深入研究理论，而有的只需掌握基础知识即可。通过智慧校园的建设，教师可以科学分析不同班级或者同一班级不同学生的需求，从而制订个性化的教学计划，满足不同班级、不同学生的需求。

二、智慧校园总体架构的模型

（一）学生行为分析

现阶段，绝大多数的高校都会为学生设置校园卡。工作人员可以通过对学生消费数据进行分析探究，从而全面了解学生的消费习惯。例如，可以通过对学生食堂消费数据进行分析，找到学生用餐的高峰时间以及低谷时间，从而使食堂的工作人员提前做好相应的准备。或者工作人员对于学生每个月实际的消费情况进行分析了解，可以为贫困助学金发放提供依据，实现贫困助学金发放的科学性以及公平性。

（二）图书资源分析

作为当前校园之中最为重要并且核心的资源，图书馆在高校中起着十分重要的作用。图书馆的图书资源主要由纸质图书以及电子资源两部分构成。工作人员可以通过对学生借阅信息的分析探究，了解学生对于不同类别图书的需求数量，在之后高校需要进行图书购买的时候，提供相应的理论数据指导。同理，工作人员可以通过对学生电子资源下载的情况进行分析，了解学生的实际需求，从而在购买电子资料时，可以更加符合学生的实际需求。

三、当前智慧校园的实际应用

（一）智能教学管理系统

当前利用智能化考勤，学生在上课时可以通过具有电子信息的校园卡，进行刷卡进入教室。在教室之中的读卡器上，会收集到学生刷卡的记录，并将收集到的信息数据发送到教学管理系统之上。除此之外，教学管理系统还可以进行数据的自动更新，之后传输到后台考勤数据库之中，使教师可以更加便利、快捷地查阅到学生的实际出勤情况，从而更好地制定学生管理制度，提升班级管理水平。

（二）智能资产管理系统

随着我国经济的发展，校园教学设备也在不断增加与完善，这就对校园资产管理提出了一定的挑战。通过智能资产管理系统的建设，工作人员可以为新采购的资产设备进行相应的设计，并且生成具有针对性的二维码，在资产设备上进行粘贴。之后工作人员在智慧校园系统之中，将设备相应的资产信息进行编写导入，完成资产登记工作。工作人员在之后使用该资产时，只需要通过智能手机或者二维码扫描设备，对资产的二维码进行扫描之后，在有互联网的情况下，便可以直接跳转到工作人员的指定页面，显示设备的资产信息，使工作人员可以详细及时地了解设备目前的使用情况，从而更好地制定校园资产管理措施，更好地为教学服务。

（三）人事管理系统

目前高校中的人事管理系统主要功能为人力资源信息管理，依据当前高校智慧校园对于人事管理信息化的实际需求，开展相应的管理工作。

①组织机构管理模块，其最主要的工作便是对于学校行政单位组织结构进行维护和管理。对于行政单位的代码以及名称等信息进行维护的同时，该模块也需要对各行政单位的级别以及层次等进行相应的维护。②招聘管理模块，其主要是实现年度的招聘计划，完成招聘岗位信息的审核以及维护，对招聘信息进行统计分析处理。③新进人员信息管理模块，其主要是对于新进人员进行账号分配，录入新进人员的相关信息，并且对其进行信息审核等。④教职工信息管理模块，其主要的工作内容为将教职工的基本信息、扩展信息，以及权限设置等进行改善，完成信息维护以及审核操作工作。

（四）办公协同办公自动化系统

现阶段，我国高校的办公协同办公自动化系统即通过互联网，提高高校各部门之间的系统办公效率，教师可以高效地完成协同工作，实现高校日常管理的全面电子化，替代传统低效率、较复杂的办公方式。在降低成本的同时，这也提升了高校管理以及信息化的应用水平。在一般情况下，高校办公自动化会具备文字、数据以及语音和图像处理的功能。根据所处理的业务，办公协同办公自动化系统主要由日常办公、公文管理以及公共资源等模块所构成。其中日常办公即对于高校内部的日常办公系统进行处理，如已办工作、待办工作以及资料报送等；公文管理有收发文管理、会议纪要等模块；公共资源则有规章制度、工作交流和资料下载等内容。因此教师通过办公协同办公自动化系统可以更快地了解高校规章制度，提高办公效率。

（五）智慧教室系统

实现智慧教室系统最主要的目的是给师生提供更加人性化以及智能化的环境。目前使用的智慧教室系统，不仅能够实现灵活布局教室空间，使桌椅更加符合人体工程学原理，还由于智慧教室具有网络感知以及科学管理的功能，可优化教学内容，将课堂的教学内容进行详细记录。

（六）教务信息系统

当前教务信息系统主要的模块有学生管理、师资管理以及教学计划管理等，始终贯穿于高校教学过程的各环节之中。当前教务管理系统可以利用数据库的技术，借助服务器以及互联网，对于数据信息完成统一的存储管理。而系统之中的每一个模块都可以和其他的模块通过互联网进行相应的沟通，从而使信息交流的渠道得到缩短，有效减少管理的环节，使部门独立情况有所弱化。与此同时，这样还会增强教务处和二级学校之间的协作，实现工作效率的提升，进一步实现校园管理的信息化以及智能化，实现资源的节约。

目前我国在进行智慧校园建设时，将互联网技术和大数据技术相结合，其主要的优势体现在：第一，能够实现比数字化校园更好的智能化校园建设，满足广大师生的个性化需求；第二，和资源进行结合，实现人力、物力成本的节约，从而使高校实现信息化建设，实现高效化以及低碳化的效果。虽然当前我国智慧校园建设还存在较多的问题，但是随着科学技术的进一步发展，智慧校园的建设也在不断地完善与改进，使我国校园建设得到进一步的推动，从而早日实现智能化、信息化以及节约化。

第三节　智慧校园建设的方案与实现

加快智慧校园建设速度是有效适应教育现代化和信息化的实际需要，以更好地实现高校在教学、管理、科研以及生活服务等方面的高效运行，也是促进高校教育迈上新台阶、实现新发展的必要条件之一。本节就智慧校园的一般建设方案及实现进行梳理和分析，以期为当前及今后高校建设智慧校园提供有益的借鉴。

近年来，各级政府及教育部门不断加大高校教育信息化的建设力度，全国教育信息化建设取得初步进展。与此同时，各地在推进教育信息化和数字化建设的过程中也存在着重建设、轻应用等客观问题。要进一步推进教育信息化发展，促进现代信息技术与各级教育教学的紧密融合，就必须进一步加快智慧校园建设，这就必须考虑到智慧校园的实际建设方案与具体实现问题。

一、全国智慧校园建设过程中存在的共性问题

智慧校园建设的主要目的在于打造以自主学习、个性化学习为主要特征的智慧教学以及基于互联网、大数据的智慧管理，通过建设更高标准的数字化校园，创造良好的教学氛围和信息化氛围，着力引领广大师生的发展和成长，提高高校教育教学质量以及信息化管理水平。近几年，随着全国各地各项政策措施的逐步落地，各地在智慧校园的建设过程中已经积累了不少有益经验，各地智慧校园的建设工作取得了初步成效。与此同时，这其中也存在着一些共性问题，如智慧校园建设的系统性规划有待增强、信息管理专业人才短缺、基础设施建设滞后、信息化管理水平亟待提高等等，还需要在今后的建设实践中进一步予以妥善解决。

二、智慧校园建设的实施方案与实现分析

智慧校园建设是一项系统性工程，一方面必须做好宏观规划，力求智慧校园建设的前瞻性，另一方面又必须立足于当地教育实际、着眼于未来，突出当地智慧校园建设的亮点和特色。一般而言，智慧校园建设的实施方案中应至少包含以下几个方面的内容。

（一）智慧校园建设的指导思想

智慧校园建设应主要以近几年国家、省、市等有关教育信息化发展方面的规划纲要及相关政策为指导，在具体的建设过程中要努力以统筹规划、分步实施、整体推进、突出重点、优化应用、资源共享为原则，着力打造适宜本校、富有特色的数字化校园、智慧校园，着力推动高校教育教学及管理工作的数字化发展，为全面提升育人质量奠定坚实基础。

（二）智慧校园建设的具体措施

1.搭建标准统一、种类多样的资源管理平台

智慧校园建设的核心要素是搭建各类服务于师生教学活动的平台设施，要

着力在校本资源库、数字化图书馆以及数字化实验室建设等方面下功夫，加快高校各学科专业的数字化改造，实现高校在信息档案、课件、试题、精品课程打造等方面的数字化、信息化和网络化，为学生改进学习方式方法，进一步提高学习效率创造良好的条件。

2.建设功能丰富、强大的公共信息管理系统

高校中各种公共信息十分庞杂，为实现对各类公共信息的有效管理和共享使用，必须要借助智慧校园的建设来形成功能强大的公共信息管理系统，努力提高高校教育管理的效率。一方面要创造条件开发功能更趋多样的管理信息综合系统，以信息化为抓手来改造和优化高校各项管理工作，如教务管理模块、教职工管理模块、学生学籍管理及成绩管理模块、综合素质评价模块等，逐步实现各个模块和平台的统一制度，实现跨部门的信息协同和共享。另一方面要加快完善校园"一卡通"工作进程，包括门禁系统、食堂管理系统、图书馆管理系统、后勤服务管理系统等各个方面的内容，有效实现"一卡通"与高校其他部门系统的无缝衔接。

3.借助智慧校园建设实现教育教学的个性化、信息化

智慧校园建设最终是服务于高校的教育教学工作的，因此在智慧校园的建设方案编制过程中，必须始终将教育教学工作置于重要位置。要借助于智慧校园建设来推动教育教学工作与信息化的融合，有效满足学生日益个性化、自主化的学习需要。因此，要着力推进以学生为中心的信息化教学平台建设，推动各类教学平台与数字图书馆、数字实验室等资源库的整合，为学生提供更为有效的网络化学习环境。

（三）智慧校园建设的保障措施

智慧校园建设离不开相应的保障措施。在推动智慧校园建设的过程中，高校必须要做好相应的后勤保障工作。首先，必须要加大智慧校园的宣传力度，转变师生观念，努力为智慧校园建设推进实施提供思想保障，要让全体教职员工充分认识到智慧校园建设的重要性和紧迫性，进一步提高认识、转变观念，以自身实际行动配合好智慧校园的建设工作。其次，必须要精心组织，加强领导和管理，保障队伍建设，从组织保障、队伍保障以及完善管理制度等方面助力智慧校园建设稳步推进。

总之，创建智慧校园对各级教育来说既是机遇，又是挑战。各级学校要努力从自身实际情况出发，制定好智慧校园的实施方案，细化落实具体措施，努

力推动智慧校园建设，同时也要加强领导和组织工作，充分调动起广大教职员工参与智慧校园建设的主动性和积极性，更好地推进智慧校园的发展，真正实现为师生服务、为学校育人的目标。

第四节　人本主义理念与智慧校园

当前智慧校园的建设已经取得了很大的进展，无论是在模式上还是在功能特点上都已形成一个范式。但目前，智慧校园的构建主要是从技术层面上进行完善的，极少从人的层面进行设计和规划，使智慧校园的理念总体偏"技术"，而以人为本的理念体现不明显。本节基于人本主义的理念，从人的角度对智慧校园的构建提出一些要求，进而丰富智慧校园模式中的内涵。

进入 21 世纪以来，在信息化和全球化的浪潮中，学习创新和教育改革在不断地把传统学校变为数字化"学习中心"——智慧校园，目标是通过智慧设备来培养学生高效的学习能力，进而锻炼学生的创新思维和能力。

一、人本主义概述与智慧校园内涵

（一）人本主义概述

人本主义起源于古罗马和古希腊时期的理性人本主义，从"唯神论"转变为强调人的存在和人的价值。20 世纪后期，马斯洛把人本主义引向心理学，创立了人本主义心理学的理论观点，而罗杰斯则进一步完善和丰富了该理论。在人本主义心理学的理论中，其教育观强调尊重学习者的本性，注重课程的人本化，强调教学过程中人际关系的发展以及人的自我实现，旨在培养学习者成为独立的、身心和谐统一发展的人。

1. 以人为本

以人为本是人本主义教育观最为核心的内容，其主张教育要坚持以人为出发点、以人为动力、以人为目的，要按照人的本性展开。学校教育不应该只关注知识的传播，还应该关注学习者在学习过程中关于兴趣、动机、潜能、创造、思维等内在能力的培养，从而将学习者培养成为一个身心和谐发展的人。

2. 人本主义教育目的观

在人本主义的理论中，教育的宗旨是关注人的终极成长，促进人的自我实现，从而培养完整人格。因此，人本主义教学思想不仅关注的是认知的发展，更关注的是人的整体发展，注重对学习者内在心理世界的了解，以顺应学习者的兴趣、需要、经验以及个性差异，进而达到情感、精神和价值观念的和谐统一。

3. 人本主义教学过程观

人本主义教育者认为，教学过程是学生成长的过程，教师应让学生成为教学过程的主体，而自己应是协助者和学习伙伴。人本主义教育理论重视对学生学习的解放，反对压抑学生的好奇心和潜能，认为教师的主要作用是帮助学生创设一种适宜的学习环境，从而促使学生积极主动地完成学习任务。

由此可见，人本主义心理学的教育观有助于了解人的主要学习特点，有助于把握智慧校园构建的走向。

（二）智慧校园内涵分析

在理论研究方面，不同学者从多个角度对智慧校园的内涵进行了不同的解读。有学者从信息技术的重要性角度进行解读，如祝智庭认为智慧校园是以适当的信息技术和学习的工具、资源、活动为支撑的，科学分析和挖掘全面感知的学习情境信息或者学习数据，以识别学习者特性和学习情境，灵活生成最佳适配的学习任务和活动，引导和帮助学习者进行正确决策，有效促进学习者学习能力的发展。有学者强调物联网的技术作用，如陈平认为智慧校园是通过智慧化的信息手段实现具有智慧、人文、安全、稳定、环保、节能等特点的智慧化的教学、科研、管理、生活。

从当前智慧校园的研究情况来分析，众多学者认为智慧校园应具备以下五个功能：环境全面感知、网络无缝互通、海量数据支撑、开发学习环境、师生个性服务。

结合人本主义的思想和理念，本节认为智慧校园是运用信息技术架构一个智能化的学习环境，以尊重学习者的个体差异为前提，充分利用各种学习工具、学习资源等学习辅助材料，帮助学习者掌握知识和提高学习效率，从而达到自我实现的目的。

二、人本主义理念下智慧校园存在的问题

（一）数字化设备应用率低

如今，计算机、互联网和各种软硬件设施已经进入校园，但这些信息技术对教育的影响与其对金融、工业等领域的影响相比较显得稍逊一筹。原因有很多，但是实质原因是传统的学习方式并没有改变。数字化设备应用率低是智慧

校园中的一个重要问题。智慧校园中有着各种智能化的教学设备，在设备使用的复杂性提高时，则教师的使用率就降低，因而造成大量的资源浪费。

（二）程序教学模式限制学生的思维发展

由于智能化程度没有达到理想状态，终端设备学习辅助性软件和材料的教学模式采用的是"小步骤"的程序教学模式。程序教学把学习内容分成若干个小的问题，系统排列起来，通过编好程序的教材或特制的教学机器，逐步提出问题、回答问题，在回答完问题后立即反馈学习结果。如果回答正确，可得到强化并进入下一问题，如果回答错误，则再补充程序，直到掌握为止。

该教学模式的弊端就是限制了学生的思维发展，把学生限定在某一个知识点中，无法调动学生的积极性。除此以外，每一个学生都有个性差异，若都接受同一个教学程序的辅助，就无法体现出"以人为本""因材施教"等教学要求。

（三）以学为主的教学模式应用不够广泛和深入

在人本主义的教学观中，学生自主学习是教学过程的重点，教师起到的是协助者和引导者的作用。在自主学习过程中，学生以学习目标和学习内容为依据，结合自身发展需要，选择学习内容、策略与方法。因此，掌握并有效利用信息技术工具，创设个性化的学习环境和学习资源，开展高效的学习活动是对教师教学能力提出的一个新的要求。然而，无论是智慧校园还是数字校园，以学为主的教学模式还处于起步探索阶段，学习情境创设和教学流程设计的能力还在不断提升中，所以当前以学为主教学模式的应用还不够广泛和深入。

三、人本主义理念下智慧校园构建的新路径

（一）融入促进个性化教育的新技术

智慧校园是以技术为载体，通过变革教学方式和学习方式，引领个性化教育的新方向。在智慧校园中，应该融入有助于增强教学效果的技术，为教学过程提供个性化的服务，如提供对学习者能力进行评估、记录学习者的学习行为、推送学习方式等个性化服务。目前，大数据技术突破了传统的对教育信息收集的局限性，实现了对海量数据的全方位记录和掌握，包括学生的家庭背景、学生的学习情况、教师的素质等，有助于教育决策者及时发现问题和解决问题，针对学生进行精准化评判并做出科学化的决策。由此可知，实现教育的个性化需要大数据、人工智能、深度计算等技术的支撑，才可以构建一个理想化程度较高的智慧校园。

（二）尊重学习者的个性差异

智慧校园的目的是实现个性化教育，人本主义理论中"以人为本"的教学理念是其核心思想，而以人为本的重点内容则是尊重学习者的个性差异。世界上没有两个完全相同的学习者，每个学习者都有自己独特的个性，符合学习者个性的学习过程才是最高效的学习过程。

长期以来，学校教育目标并未真正实现从知识性教育向人的全面发展的转变，在这种课堂教学中，教师为了完成学习进度，往往很难注意到学生的个性差异，也就未能做到因材施教。这种做法可能扼杀了学生潜在的创造力，难以取得理想的教学效果。教师在教学的过程中应研究学生的个性差异，帮助其了解自己的学习个性，找到最适合自己的个性化学习方式，从而实现自我超越。

（三）激发学习者的学习动力

马斯洛认为，个体成长发展的内在力量是动机。在行为科学中，以"需求层次论"为理论基石，人的学习动力也可以划分为求知欲望、兴趣爱好、价值期望、价值实现、自我超越五个层次。

最底层的学习动力是人的求知欲望，当今学校教育的各个层次都在不断提出新的教学模式，开始对情境式教学、项目式教学、合作式教学等模式进行探索和应用，其实从根本上都是为了调动学习者的求知欲望。第二层次的学习动力为兴趣爱好，兴趣是最好的教师，教师在课堂上拓展学生的视野，使其眼界开阔，这对于培养学生的学习兴趣有着极大的帮助。第三个层次的学习动力来自价值期望，所学知识对于人生的价值、对于社会的价值是指引人类学习的一个重要动力。第四层次是价值实现，学生在学习后获得知识、技能以及收获的满足感、成就感是促使其进一步深入学习的动力。第五层次是自我超越，这是更高层次的成就感，学生通过学习认识了一个新的自我，寻找到了人生的方向、意义、价值，从而获得超越自我的成就。

理想的智慧校园不仅应该具备各种先进的教学、学习、管理等硬件设施，还应该具备一个有利于发挥智慧校园功能的软件环境，体现出以人为本的教学理念。

第五节　智慧校园的应用前景

智慧校园是信息化发展的新阶段。在从数字校园转向智慧校园建设的过程中，加强智慧校园的顶层设计，构建智慧校园建设的通用架构模型具有十分重要的意义。本节为智慧校园的示范推广应用提供参考。

随着智慧地球、智慧教学理念的提出，互联网、云计算等先进计算机科学技术的普及和应用，校园信息化建设正朝着更为先进智能的智慧校园发展方向迈进。

智慧校园有三个基本的特征：一是为广大师生提供基于角色的个性化定制服务平台、一个全面的智能感知环境和信息综合服务平台；二是将基于互联网的信息服务融入学校的各个服务领域；三是通过智能感知环境和综合信息服务平台，为学校教育与外部世界发展提供一个相互交流学习的窗口。

学校信息化是以实现学校的教育内容与方法现代化为目标的，促进创新型人才的培养，全面提高教育水平。

一、培养智慧型人才

为当今社会培养符合时代发展的智慧型人才是高校的重要任务。近年来，移动互联日益普及，大数据技术延伸到很多学科和领域，智慧型人才培养模式必将逐步成为主流。

在智慧校园中，依托知识管理、校园社交网络、在线教育等互联网平台的支撑，教师备课不再受时间、空间和个人知识局限的约束，学生也不依赖于传统的课本学习和课堂上的被动灌输，教学评价也是基于师生教学互动情况和学生学习过程的大数据开展的，不再是纯粹的主观评价，因材施教和个性化的人才培养模式成为主流。

二、智慧型科学研究

科学研究的信息化支撑的数字校园不过是简单的资料搜索与数字图书文献的提供，而智慧校园的建设将改变这种状况。智慧校园将能在课题申报、科学研究、项目结题等环节发挥巨大作用。各种智能设备可以在线使用，并能够智能感知、自动收集各种数据。此外，智慧校园还能够帮助研究人员对课题研究过程中的各种数据进行及时的统计分析，从而提高研究课题的效率与质量。

三、智慧型社会服务

高校承载着社会服务的这项非常重要的职能，这也是信息化能够大显身手的领域。高校作为一个先进知识汇聚之地，其社会服务职能大都是基于知识的，而互联网技术对于跨越时间和空间的知识传播具有先天的优势。因此，更好地支撑高校社会服务的职能也是智慧校园的发展目标之一。这可从三方面推进：①积极利用信息化手段，推进"产学研"结合，加快科研成果转化速度；②依托信息技术，提高大众的科学人文素质，推动学习型社会建设；③利用高校积累的海量数据资源和大数据分析等优势，深入开展政策研究，为国家和地方各级政府科学决策、民主决策做出贡献。

四、智慧型文化传承创新

近年来受到各方面重视的高校职能就是对于社会文化的传承与创新。在当前互联网较发达的情况下，最具挑战性的问题是如何推动社会文化传承与创新。对于高校智慧校园来说，可从两个方面来推动：一方面是校园网上虚拟社区的吸引力不可小觑，可建立合适的平台，加强学生思想与文化交流；另一方面是充分利用在线传播平台，建立国际汉语教学体系，让中文教育实现国际化，促进跨文化教育交流，使高校具有更强的社会文化宣传能力，更好地展示我国高等教育发展的成果。

五、管理决策转向智慧型

数字校园使高校日常管理信息化问题得以解决，但由于各部门信息相互孤立、数据不共享，导致管理流程不协调。因此，整合高校资源的管理和调度，做到为高校各部门的各项生活、管理、教育等方面提供人、财、物管理的整合统一就成了智慧校园首先必须完成的任务。①深入广泛的信息化支撑和协同的校务管理支持，实现各个小部门的业务协同。②将师生个人信息、高校各级管理部门间业务协作信息等有效结合起来，快速地为师生提供全方位的信息服务。③高校的成功离不开科学的决策支持，科学的决策离不开对数据的有效分析。只有将各个部门的各类信息进行科学的分级、分类，得到全面完整的信息报表，高校管理部门才能做出更好的决策。

六、生活服务转向智慧型

由数字校园到智慧校园的转变在生活服务方面主要可从以下两个方面进行：一方面是更好地服务师生是高校生活服务的宗旨，要积极整合校内各种生活资源，拓展校外生活资源，为广大师生提供优质的信息化生活服务；另一方面是利用互联网技术和智能感知技术，为后勤部门提供强大的支撑，使校园后勤管理与服务信息化有机结合起来，提高后勤服务能力与水平。

第六节　智慧校园的个性化信息服务

智慧校园个性化信息服务是智慧校园的主要功能。本节分析了智慧校园实现个性化信息服务的主要原因，介绍了智慧校园个性化信息服务的主要内容——向用户提供准确权威的个性化信息、为学生构建个性化学习模式、为教师个性化教学创造条件，提出了实现智慧校园个性化信息服务的主要措施以及应注意的问题。

智慧校园个性化信息服务是对各种信息进行收集、加工和整理，向用户提供和推荐相关信息，以满足用户需求的一种信息服务方式。智慧校园服务过程精细化最重要的内容是实现个性化信息服务。

一、智慧校园实现个性化信息服务的原因

（一）数字校园无法满足用户使用需求

各高校数字校园经过多年建设发展，在基础设施、管理保障和信息资源等方面取得了一些成果，但是还存在缺乏顶层规划、数据融合能力不足、保障支撑教学改革不突出、教师和学生获得感不强等问题。这主要表现在信息的共享交换机制不健全、信息传递渠道不畅通、信息需求和信息服务存在较大差距、信息服务层次不高上。以上这些都决定了数字校园所提供的信息服务远远满足不了用户使用需求，距离个性化信息服务还有较大差距。

（二）广大师生对个性化信息服务有较大期待

随着广大师生信息素养的提高和互联网的普及，师生的信息获取能力、筛选能力等都有较大提升。互联网不断更新模型建构、后台算法，其在服务内容、服务模式、服务策略和服务能力等方面都有极大发展，同时其在信息获取的方

便快捷性、信息的全面性和准确性、信息服务的持续性、信息服务的个性化等方面都有极好的使用体验。各高校现有的网络信息服务与互联网发展实际之间存在明显的差异，用户体验远不能满足实际需求，个性化信息服务已经成为广大师生的迫切要求。

（三）智慧校园为个性化信息服务提供技术支撑

智慧校园建设总体架构采用云计算架构部署，为个性化服务提供了强有力的技术支撑。基础设施层为数据资源和业务应用提供基础支撑，数据资源层为各类业务应用提供数据服务支撑，业务支撑层为各类业务应用提供数据挖掘分析、通用智能服务和一站式服务等，应用服务层采用专题式和个性化服务方式，为用户提供泛在服务。数据交换和共享平台为信息服务提供数据资源支持，利用平台提供的可视化的流程构件，轻松获取自己所需要的信息，使自身个性化信息服务能力大幅度提升。

二、智慧校园个性化信息服务的主要内容

（一）向用户提供准确、权威的个性化信息

智慧校园有统一的技术体制和数据标准，以及统一的服务开发与运行环境，还有健全的共享服务平台，可以将原有的教学训练、科研学术、政治工作、后勤保障等各种信息管理系统进行集成，将数据信息共享到数据中心。用户只要登录智慧校园，就会获得和自己相关的各类服务信息，而且数据来源的唯一性决定了数据的准确性和权威性。系统管理人员通过流程再造，根据用户需求重新构建表格样式，系统自动地将已有信息填充到表格中，用户只要补充有关数据即可。经过授权，用户可以自己构建自己个性化的数据模型，了解自己的基本信息，分析研究应用服务信息，给自己进行"立体画像"。

（二）为学生构建个性化的学习模式

借助智慧校园大数据的支持，学校可通过建立学习管理决策的模型和算法，为学生达到学习目标提供科学有效的学习模式。智慧课堂教学通过对学生学习行为的自动化记录，分析其学习过程，评价其学习效果。智慧校园为学生提供个性化的网络学习空间，制订学习计划，实时跟踪记录并评估学生的学习行为，智能化推送学习资源。根据学生知识掌握情况和作业完成情况，智慧校园会实时动态地制订最优化的学习方案。在模拟仿真实验、模拟训练等实践教学中，智慧校园可智能分析并跟踪训练效果，及时发现并纠正训练问题。贯穿于学习

全过程的学习绩效评估，可帮助学生随时调整学习策略和学习方法。

（三）为教师个性化的教学创造条件

在备课阶段，智慧课堂会根据教师所授课程，提供相应的信息媒体资源，推荐个性化的信息媒体资源。在智慧课堂教学中，学生的学习过程信息会被记录，教师可以获取每个学生的课堂表现和互动情况，分析其知识掌握情况，及时调整教学策略、课程内容和课程进度。在室外教学活动中，通过各类采集终端，教师可以实时掌握学生的课堂表现，实时分析评估训练效果，及时调整训练内容和方法。在大数据和智能技术的支持下，教师根据自己的个性特征和课程特点，寻找适合课程的教学方法和教学策略，寻找适合自己的个性化教学模式。

三、实现智慧校园个性化信息服务的主要措施

（一）树立信息服务共享理念

各高校信息化建设的一项重要指标是信息服务水平，而信息服务意识直接决定了信息服务水平。在从数字校园到智慧校园的建设过程中，共享理念必须牢固树立起来，否则智慧校园建设就会走回数字校园的老路。其主要办法有：定期举办培训班，不断提高业务人员的信息化素养，提升人员的信息服务意识；重点加强信息系统开发集成，加大信息开放力度，转变信息服务方式；制定相应的信息服务规章制度，对信息服务内容、范围和方式等进行规范管理，推动信息服务标准化、专业化和个性化。

（二）建设专业化的数据处理平台

智慧校园要想获取精准化、个性化的信息服务，建设专业化的数据处理平台至关重要。数据交换和共享平台提供自动化管理工具，对数据进行格式转换、清洗、抽取和交换。以海量教育资源数据处理为重点的大数据分析平台，具备分析、挖掘和服务智能化大数据等能力，经过人工智能处理，可为用户提供不同类型的信息。流程整合平台采用耦合方式整合工作流程，提供分析工具，实现系统的联通和业务规则的定义，为用户提供不同类型的个性化信息服务。服务整合平台，将各类异构软件的信息和服务加以整合，实现信息的无缝接入和集成。信息推送平台是智慧校园和用户间的快捷信息通道，各应用系统将信息发送至推送平台，为其提供个性化的信息服务创造条件。

（三）建立统一的信息服务平台

开发一个界面友好、要素齐全、信息权威、功能完善的信息服务平台，为用户提供方便快捷的服务。通过数据交换和高度集成的方式，将所有信息系统的数据资源集中到"一站式"信息服务平台，根据不同用户提供不同层次、不同需求的高效智能化信息服务。通过"一站式"信息服务平台可以实现以下目标：用户使用方便快捷；提供方便的信息检索服务；信息服务数据具有唯一性、权威性；针对不同用户实现信息服务精确化、智能化；具有大数据分析功能，为用户提供信息参考，为管理决策提供支持。

四、智慧校园个性化信息服务应注意的问题

（一）设定用户访问权限

智慧校园建立统一的用户账户体系，所有用户准确记录身份基本信息，并按照用户类别明确基本角色。业务系统中设立的机构账户，应当关联到实际用户账户。智慧校园信息资源访问通过集中授权，基于角色使用权限访问，以控制资源获取范围，使信息服务有明确的边界。

（二）建立完善的安全体系

完善的安全体系是提供信息服务的保障。智慧校园涉密信息系统应当依据国家信息安全等级保护的基本要求，重点突出物联网安全防护和外联系统接入防护。应建立专用的数据传输通道，用于较低防护等级安全域中的信息向较高防护等级安全域传送。准确界定各类网络、数据和应用系统的保护等级，优化信息资源安全管理标准和流程，构建多层级、多目标、实时态势感知的安全保障体系。

（三）加强个性化信息服务的风险防范

加强数据资源的建设和管理，平衡数据开放与隐私保护之间的矛盾。大数据应用模型要及时调整修改，防止出现提供的个性化信息不准确或偏离现实的现象，造成信任危机。警惕人工智能的"双刃剑效应"，积极探索人工智能伦理的重构与管控机制。防止智慧校园在建设过程中被各种技术异化、使用泛滥，让个性化信息服务回归正常轨道。智慧校园建设的根本目的是服务教学，要防止教育信息化的虚假繁荣。

第三章　智慧校园的建设

第一节　智慧校园数据中心建设

近年来，随着信息技术的蓬勃发展，高校信息化建设也越来越向着智能化方向迈进。高校信息化建设从一开始的注重网络基础设施建设，逐步过渡到各部门业务系统的数字化校园建设，再到最近流行的注重服务的智慧校园建设。本节剖析了目前高校信息化建设的背景和现状，详细阐述了智慧校园数据中心的建设方案和数据治理探索，为高校智慧校园建设提供一定的借鉴和参考。

数据是高校智慧校园建设过程中最重要和最核心的部分，也是最复杂和最困难的部分。数据中心是管理全校数据的枢纽，数据中心建设的成败关系到整个智慧校园建设的成败。因此，数据中心建设和数据治理探索，成为智慧校园研究课题中非常重要的组成部分。本节从高校信息化建设背景和现状、智慧校园信息化建设思路、数据中心建设方案和数据治理探索这四个方面，对高校数据中心的建设进行规划和研究。智慧校园信息化建设思路和数据中心建设方案在南京大学智慧校园建设中得以了逐步的实施和体现，在数据的集中管理、服务师生等方面取得了一定的成效。

一、高校信息化建设背景和现状

随着信息技术的不断发展，目前国内高校的信息化建设大致经历了三个阶段。第一阶段是以网络基础设施建设为主的网络校园阶段。第二阶段是以各部门业务系统建设为主的数字化校园阶段，目标是将线下的管理流程线上化，减少纸质的审批流转和人工操作。第三阶段是以新兴信息技术（如人工智能、物联网、云计算、虚拟化、5G、大数据等）为依托，以数据中心为核心建设目标，试图解决高校"信息孤岛"和"应用孤岛"问题，以完成信息的互通互享，最终实现智慧型、服务型校园的目标。

高校信息化发展到今天，大部分高校已经完成了以"人、事、物"为管理核心的各种业务系统建设，也根据高校的实际情况从数据、身份、信息等层面围绕业务系统进行了集成和整合。这些信息系统在日常的管理工作中发挥了重要的作用。同时，高校信息化发展也渐渐暴露出了很多问题。一方面是管理体制的问题。如缺乏高校专门的管理体制，队伍力量分散且相对薄弱，执行力不强。缺乏有效的信息化人才机制，人才积极性调动不起来。信息化职能部门、业务部门、外包公司三者运行机制不合理，信息化职能部门在信息化建设中角色定位不清晰。另一方面是建设模式的问题。如分散的建设模式、系统众多，"信息孤岛"现象严重，数据无法共享，师生经常需要在不同系统之间反复填写表格。又如，系统之间数据的交互都是通过人工表格导入与导出，更新不及时，操作烦琐。再如，业务数据通常碎片化，系统之间的数据不一致、不规范，存在大量数据冗余等问题。由于数据没有及时共享，师生办理某项事务需要多部门之间来回跑腿等问题。

传统的师生服务方式已经不能满足师生需要，部门之间数据不通，导致协同困难，大量业务工作依靠手工操作，工作效率还有很大提升空间，这些都是高校信息化快速发展所面临的亟须解决的问题。本节以南京大学（以下简称"南大"）建设南大特色智慧校园为实例，从数据中心建设、数据治理等角度进行剖析和分析，探索符合高校数据发展现状的解决方案，在数据层面逐步形成闭环，解决高校数据建设带来的问题。

二、智慧校园信息化建设思路

智慧校园建设的总体建设思路概括起来是四个统一，分别是统一规划、统一建设、统一管理、统一数据。通过高校的顶层设计和规划，让校内所有的信息系统形成互联互通，从而为用户提供个性化、全方位的服务。围绕提高师生满意度的目标，建设南大特色智慧校园主要从以下几个步骤来展开。一是完成数据的收集和整合，形成统一的校级数据中心平台。二是结合国标、部标以及高校自身的实际情况，梳理校内信息标准，完成高校统一信息标准的发布和执行监督。三是进行数据质量盘点和治理，针对在共享使用中不断暴露的问题，补全数据缺失环节，为后续的数据统计分析和数据决策支持做支撑。四是建立数据管理和运营服务体系，打造持续健康的数据生态圈，具体从数据平台建设、数据治理体系建设、数据统计与分析等方面来展开。在这一过程中，信息化部门和各院系需要全面深度参与。

数据中心将提供统一的信息标准，完成校内数据的高度集成和共享，同时推动校内数据质量的提升。数据平台建设包含信息标准的建设、代码标准的建设，以及各业务系统的数据集成、数据共享接口、元数据建设、数据资源目录、数据质量检测、数据备份管理和数据运行监控等方面。

三、数据中心建设方案

（一）数据标准和代码标准建设

数据标准包含编码标准（人员编码等）、代码标准（职称代码、组织机构代码、专业代码等）、元数据标准（数据表结构定义）以及代码流向和数据流向标准。数据标准管理对各业务系统建设提出数据标准要求，代码标准的统一将促进业务部门对数据定义和使用的一致性，减少数据转换，促进系统集成。在高校信息化数据标准和代码标准的基础上，结合高校的校内标准和个性化需求，形成校内可执行的统一标准，随着业务系统的建立，以及数据的集成和利用，逐步完善。

标准又分为核心校标和其他校标。核心校标主要是校区代码、教职工人员编码、统一人员编码、本科生编码、研究生编码、组织机构编码、专业编码等。在制定标准的同时，我们还需要同步制定各类管理规范，从而规范数据的各项流程，如数据管理办法、标准代码编码规范、编码管理规范、组织机构管理规范、业务系统集成规范等。

（二）数据集成与共享接口

在数据集成和共享之前，我们需要对全校各部门进行初步的流程梳理和业务调研，大致确定本校的数据总体情况。之后，通过数据集成工具将分散在各业务系统中的数据抽取出来，进入数据中心数据库，形成全校唯一的、标准的和权威的数据集，从而实现数据的统一集成和标准化，解决了业务系统间交互数据的问题。

数据共享接口采用面向服务体系的架构，将数据封装成数据接口开放出去，供第三方开发者使用。第三方开发者可基于这些接口为师生提供各种数据应用。采用超文本传输协议（HTTP 协议），数据应用程序接口共享方式，可以减少对数据库的直接访问，满足实时、按需的共享需求场景要求。

（三）数据资源目录

针对高校信息化建设现状及目标，现有的数据资源以业务为维度，以表为单位进行资源开放，梳理并形成高校核心数据资源目录。其主要内容包括业务领域、数据名称、数据描述、核心业务属性、数据规模、采集方式、采集频率等。数据资源目录可直观展示高校的数据治理集成成果，让后台的工作能展示到前台；可在线申请，使用户更方便、更规范地使用数据；可提供数据资源目录的查询检索功能，提供数据开放服务；连接数据生产者和消费者，让部门参与促进数据质量提升与数据价值探索。

（四）数据质量检测

数据质量检测可以将业务系统集成的数据进行事后检测，暴露数据存在的问题，包括数据集成问题、实施规范问题、源头业务系统本身数据质量问题。通过数据质量检查发现问题，从而推动业务系统数据的质量提升。检测可以设置相关的规则，如空检查规则、代码检查规则、唯一性检查规则、文本检查规则等，也可以设置数据检测范围、检测时间等。

（五）数据运行监控

数据运行监控管理为数据管理部门提供系统的动态、异常情况、数据情况等。其以图形的方式和通俗易懂的表现形式来展现系统的各种运行和异常情况，并且按照事件的重要程度，将最重要的信息展现在最醒目的位置。其具体包含系统监控检测、数据集成监控、数据库监控、数据流向查询等，同时进一步反映业务系统集成情况、代码标准建设情况、数据现状情况、历史数据存储情况等建设成效。通过数据运行监控也可以暴露元数据检测、代码标准一致性检测、数据集成运行情况、数据质量检测中存在的问题。采用图形化的方式分层反映系统数据的拓扑关系，通过系统之间、表之间、字段之间三层体现数据的"从哪来，到哪去"。

（六）数据决策支持

在数据中心积累了各类数据之后，我们就可以针对这些数据做各种颗粒度的分析，从而为科学决策提供数据支持。如可以进行学科情况分析、师资队伍分析、学生情况分析、资产情况分析、教学分析、科研分析、财务分析、招生分析、就业分析、图书分析、"一卡通"分析、上网分析等。

四、数据治理探索

数据治理是技术与管理相结合的一套持续改善管理机制，贯穿于数据管理的整个过程中，通常包括了组织架构、政策制度、技术工具、数据标准、流程规范、监督考核等方方面面，使数据管理职能相协同，让高校的数据工作成为一个有机整体。数据治理涉及的 IT 技术主题众多，包括信息标准、数据集成与共享、数据存储、数据质量、数据运维等。

数据治理是个长期积累和优化的过程，需要统筹协调、多方参与，自上而下地进行推进和共同配合来完成，形成可持续发展的长效机制。数据治理的本质是要解决数据的质量问题，构建闭环的数据生态，让数据的使用方来驱动数据的生产方改进提升数据治理，充分发挥数据价值，从而形成长效数据治理体系建设。数据治理服务是一个从总体设计，到分步实施，再到进行监控，根据效果，修正设计，再实施，是持续优化的循环过程。

数据治理的流程包括数据标准的制定、数据对标、数据集成、数据清理、数据质量检查和改进、数据资源目录开放、数据自助查询和申请。综上所述，数据治理工作是一项长期持续的工作，各类标准、数据集成和开放、数据质量等情况都会随着校园信息化的进程而时刻发生着变化。数据治理工作需要时刻根据变化的情况提出相应的措施，才能保证数据质量的持续改善，保护数据治理工作的前期成果。

可以预见，未来在智慧校园的进一步推进和发展，数据中心的数据不断完善和丰富的前提下，数据中心在数据可视化、用户个人画像和轨迹管理、综合校情分析、各级领导辅助决策等方面，必将为高校师生提供丰富多彩的个性化服务，让高度信息化带来的便利惠及高校教学、科研、生活的方方面面。

第二节 基于协同服务能力理念的智慧校园建设

智慧校园的建设不仅仅需要重视硬件的布局，更重要的是对于信息资源的利用。高校通过学习研究成熟且已开展实践的智慧校园建设成果，在结合实际教学情况、学生活动实际等业务需求的基础上，通过大数据分析应用平台建设、智慧校园应用新生态建设及智慧教学与学习支撑平台建设等方式，提出了基于协同服务能力理念的智慧校园建设。由此缩短了教师与学生的空间距离，使数据都面向服务，为师生提供信息化、个性化的智慧校园生态系统。

进入 21 世纪，国家越来越重视信息技术的发展，先后出台了《国家中长期教育改革和发展规划纲要（2010—2020年）》《教育信息化十年发展规划（2011—2020年）》《国家教育事业发展"十三五"规划》《教育信息化"十三五"规划》等政策文件，明确提出把教育信息化纳入国家信息化发展的整体战略，超前部署教育信息网络，这些为高校信息化的进一步发展奠定了坚实的基础。

云计算、大数据、物联网、人工智能、区块链等技术的迅猛发展，"互联网+"等国家重大战略的实施，深刻改变了人才培养的方式，"互联网+教育"的变革势在必行。高校也将智慧校园建设纳入其整体规划当中，配合高校的发展战略部署，通过智慧校园的建设来提高教学管理、人才培养、学生服务、智慧课程、教学资源开发、学生学情分析等各方面的协同服务能力与水平。

智慧系统一般具有三个基本的特征：互通性、智能性及感知性。智慧校园是智慧系统的一种。第一，智慧校园可以给教师及学生提供开放的服务系统；第二，智慧校园可以为学生、教师、高校管理者提供个性化服务；第三，智慧校园对周围环境具有较强的感知能力。不同的专家学者对智慧校园的含义有不同的理解，不同高校结合自身校情对建设怎样的智慧校园也存在不同的思路。有学者认为智慧校园是指，为学校工作、学生学习、教师教学、职工生活等方面提供网络化服务；也有学者认为，智慧校园就是通过各类信息技术，搭建一个数据中心和协同平台。笔者认为智慧校园是数字化校园的高级形态，智慧校园不仅仅是各类资源的电子化，其更关注资源的有效利用。通过大数据分析技术、移动互联技术、云计算技术、智能感知技术、物联网技术等，我们能将校园中的实体、人物、资源等高度集成化，为教师提供高效率的教学、科研、办公环境，为学生提供个性化的学习服务，为管理层提供精细化的管理依据，改变传统的授课、学习、交流、管理模式，实现高效、精准、个性化的服务。

不同的高校建设智慧校园都会有一个共同的特点，就是在正确的时间、正确的地点，为正确的人推送正确的信息。智慧校园为学生的整个学习周期提供学习、生活、就业、兼职、实训等方面的服务。在学习上，满足学生个性化的学习需要，打破时间、空间的限制；在生活上，提供智能化社区的服务。智慧校园为教师提供培训进修、备课、资源建设、教学管理、学生管理等方面的服务，使教师实现"一站式办公"。

一、智慧校园的建设目标

以信息化手段培养契合区域产业布局的技术技能人才，以移动互联网、云计算、大数据、物联网等先进、成熟的技术服务管理理念为引领，构建一个"以人为本，面向服务"的全面、安全、便捷、高效、稳定的信息数据技术环境，建成具有高度感知和协同服务能力的智慧校园。建成覆盖教师、学生在校全生命周期的智慧服务系统，为师生提供随时随地、随需而动的校园信息化生活服务，实现服务的个性化定制、主动推送和智能推荐等。

二、智慧校园的建设内容

本节立足于高校教学、学生活动等实际业务需求，通过完善智慧校园基础设施、建设大数据分析应用平台、构建智慧校园应用新生态、打造智慧教学与学习支撑平台、推动校园治理现代化五方面建设基于协同服务能力理念的智慧校园。

（一）完善智慧校园基础设施

一是建设校园 IT 综合运维管理平台，增加核心设备冗余备份，升级出口路由交换设备，更新升级全网交换机，全面提高网络整体性能及可靠性；二是合理规划互联网协议第六版地址资源，建设无处不在的无线校园网络，提高无线覆盖质量；三是建设校园智慧云平台，使用虚拟化、分布式存储、资源池化、自动化资源调度、数据中心可视化等关键技术，构建资源调度灵活、智能弹性的软件定义数据中心，实现对虚拟化资源的有效监控管理与数据分析，降低管理难度，提高管理效率；四是通过多级用户管理，实现资源自主申请、流程化审批，满足不同业务部门的需求；五是全面落实信息系统安全等级保护制度，制定统一的安全策略及工作流程，优化出口安全、数据中心、用户终端、信息审计等多级别、多维度的安全管理与配置，为校园建设保驾护航。

（二）建设大数据分析应用平台

大数据正越来越受到各行各业的关注，在教育领域，大数据分析同样大有作为。大数据具有量大、多样、低价值密度、真实性及高速五个特点。高校中学生的数据同样具有这些特点，而且学生的某些数据比较敏感，如学生的心理健康方面等信息不宜公开。在这种情况下，大数据分析技术就可以发挥作用。

以高校共享数据中心数据为基础，建设大数据分析应用平台。通过将分散在各部门的数据集中到一起，以教师、学生角色为主线，提供跨部门立体式的综合信息服务，支持面向主题的多维查询和个性化查询。一是结合高校质量保证体系中的指标和模型，通过全面的数据分析，为高校质量保证体系建设等方面提供数据支持；二是用大数据平台所采集的各类学生行为特征数据，采用人工智能深度学习算法，构建学生心理健康智能预警模型，实现对学生心理健康与异常行为的分析及预警，提高学生心理分析的准确性和异常预警的及时性；三是对高校错综复杂的数据进行进一步的精细化管理，为相关人员推送精准的数据，实现智慧校园的深度服务。如利用大数据分析应用平台分析学生"一卡通"在高校食堂的消费情况，了解学生的消费习惯，为高校助学金和奖学金发放提供参考。

（三）构建智慧校园应用新生态

进一步整合信息系统，实现高校电子邮箱、人事管理、资产管理、财务管理等的统一身份认证、单点登录以及数据共享。在数据共享的基础上，构建协同业务处理平台，逐步实现业务的优化处理。一是以教师为中心，建设一个覆盖教师全生命周期、"一站式"、个性化的智慧综合服务平台，实现教师从招聘入职、职务管理、信息管理、教学管理、科研管理、项目管理、财务管理，到退休离校全过程的信息化管理；二是通过各信息系统的数据共享，提供教师学历、科研成果、教授课程、培训进修等信息的查询和展示平台；三是建设集开发、管理、发布于一体的校园移动应用基础平台，针对高校的实际情况，逐步实现办公、科研、学生工作等重点业务领域的移动化。

智慧校园应用新生态建立在统一数据标准的基础之上。根据教育部数据标准，结合高校实际情况，建立底层数据标准，以往高校数据基本上都没有标签和统一的格式，分散在不同的部门。高校需要对各部门信息的采集、处理、存储、传输和使用进行全面规范，各类数据的输入均需要符合标准。统一的用户认证方式可支持教师、学生、校园管理者等各类用户在智慧校园内的各种应用系统之间无缝对接使用。目前高校常用的应用系统包括协同办公、电子邮件、教务管理、网络教学、人事管理、科研管理、学生工作管理、资产管理、毕业离校、站群管理等。构建智慧校园应用新生态就是提供支持各类信息访问、交换、处理、使用的集成化环境。

（四）打造智慧教学与学习支撑平台

构建一个功能全面、简单易用、稳定性好、安全性高、可扩展性好、具有在线教育与同步教育功能的慕课平台及小规模限制性在线平台，可支持大规模在线开放课程管理，开课、自主学习及其完整学习过程管理（学习、评测），支持线上线下相结合、翻转课堂等教学方法改革实践的需要。以公选课"项目管理"课程为例，由教师在教学平台设置网络课程，课程资源包括了课程大纲、课程教案、课程演示文稿（PPT）、试题库、交流答疑等。开课前，教师首先在交流答疑区布置课前预习任务，学生带着预习任务自主通过网络课程资源学习，同时在交流答疑区提交任务，教师可在后台看到所有学生的任务完成情况，根据掌握的学生任务完成情况调整其讲课内容和讲课重点。在课程结束后，学生还可反复观看网络课程中的相关教学视频，对课程内容进一步深化理解，还可就课堂上一些未掌握的内容继续学习。在整个课程结束后，教师可通过网络平台布置学生作业，以及让学生进入试题库栏目进行复习，最后教师发布考试任务，由学生登录平台完成考试并提交，教学平台可自动完成阅卷工作（主要是选择题、填空题和判断题）。更为重要的是，通过该平台，教师可以及时更新课程教学资源，通过统计，每一学年课程教学内容可实现80%左右的更新率。高校的特点之一就是教学内容、技能技术更新较快，通过智慧教学与学习支撑平台的建设，能够实现学生学到的知识技能与社会需要的知识技能紧密对接，而且学生参与度显著提高。

智慧校园给智慧教学提供了强大的平台，尤其对于职业教育而言，实践教学是极其重要的环节，对培养应用型人才至关重要，但是传统课堂无法保证实践教学的质量。以"计算机文化基础"课程为例，很多学生基础不同，教师可以在智慧教学与学习支撑平台上录制不同的实操视频供不同学生学习，教师还可以根据不同的岗位需求，录制不同的教学视频资源。通过智慧教学与学习支撑平台，我们可以实现模拟考证教学环境以及技能比赛环境建设，建立完善的教学、实训考核评价系统，实现因材施教，有利于学生专业素质的不断提升。

（五）推动校园治理现代化

如今校园安全越来越重要，面对的新问题也越来越多，"校园贷"等各类不健康甚至危险的信息通过互联网方式传播，很容易渗透到学生当中并且传播速度很快。校园管理者同样也需要通过智慧校园的构建，尽早发现问题，实现对学生的智能预警、对教师的智能推送。智慧校园还可以为高校的教学、科研、管理、决策提供服务，构建一个舒适、健康、安全的校园环境。

通过融合物联网、云计算、人工智能、智能控制、智能识别等先进技术，升级和改造高校现有的基础设施，引入传感器、摄像头、二维码、蓝牙、人脸识别等感知技术及设备，全面感知人体运动轨迹、设备状态、物品位置，以及声、光、水、电等信息，动态实时采集校园环境、活动等全方位数据，构建开放、安全、便捷、节能的校园智能感知平台。在现有监控系统的基础上，建设一套技术先进、覆盖全面、功能强大的校园安全智慧云监控系统及一键报警系统，采用网络高清视频技术、智能识别技术、云计算及云存储技术，可实现负载均衡、云备份、人脸检测、人员聚集自动报警、区域入侵检测、越界检测、进入离开区域检测、徘徊检测、逆行检测等功能，实现智能安全预警、身份确认、轨迹分析等智慧化应用。

第三节　基于智慧校园的实验室构建
与安全管理问题分析

近些年来，随着智慧校园的普及推广与应用，高校实验室也可以依托于物联网、云计算等新兴技术来实现信息化管理。最重要的是，实验室可以借助信息化管理技术推动其建设水平的不断发展，有利于各项研究工作的顺利开展。鉴于智慧校园实验室建设问题的重要性。本节主要以智慧校园为研究背景，针对当前实验室构建情况与研究情况进行重点分析，以期为相关人员提供一些借鉴。

高校实验室作为教师与学生开展科研调查活动的主要阵地，不仅可以为各项研究工作提供安全保障，也可以为高校开展教学活动提供场所。结合当前的发展情况来看，随着智慧校园建设理念的不断贯彻，高校实验室构建工作摒弃了传统的建设模式，主张结合新兴技术，如物联网技术、信息化技术等实现优化构建目标，重点针对实验室管理平台信息化建设工作、制度程序规范工作等进行研究与分析，确保逐步构建科学、合理的实验室体系。

一、基于智慧校园的实验室构建

（一）实验室管理装置构建问题

多数高校在前期建成了无线基础设施，几乎校园内的所有学生都可以利用宽带传输来实现数据接入。目前，对于智慧校园实验管理装置的构建问题，高校方面可以结合以往的无线基础设施，从门禁、电源控制模块、终端控制模块以及设备装置的可用性与可扩展性方面入手，联合物联网技术与信息技术实现对上述模块问题的集中处理，具体措施如下。

门禁、电源控制模块可以利用物联网技术控制功能加大对实验室门禁系统的控制力度，设立规定时间确保门禁系统可以在规定期间对外开放。终端控制模块主要以单机主控模块与无线网络传输技术为主，完成各类信息的传输工作。设备装置的可重用性与可扩展性一般多体现在实验室改建过程当中，该设备保留了以往实验室的资源数据，可以针对部分参数问题进行重新设置与管理。

（二）实验室构建要点

1. 装置无线通信模块

无线通信模块作为智慧校园实验室构建的核心内容，一般多负责实现数据通信与传输工作。校园内部存在无线上网信号覆盖的特点，因此管理人员在使用无线网络的过程中，可以实现对大量数据的传输与管理。其中，各网络通信模块在连接方面，主要以连接到主控模块的微控制单元为主。

需要注意的是，在此过程中必须设置外置天线，以便完成信号发射工作。其中，紫蜂协议模块主要针对实验室门禁系统进行控制化管理。如在上课期间将门开启、无人期间将门关闭。另外，全球定位系统（GPS）模块一般多用于服务器管理过程中，通过定位功能实现对服务器运行状态的实时管理，以便为实验室各项设备的安全运行提供保障。

2. 装置硬件结构与功能

装置硬件结构与功能主要集中体现在实验室门结构上面，设计过程中需要严格根据装置供电问题，以交流电形式实现供电过程，或者是利用相关蓄电池实现装置供电过程。根据实际情况来看，该装置主要以无线传输模块与天线模块为主，实现日常通信过程。

该装置需积极与服务器之间进行互连，确保服务器时间信息以及其他信息准确合理。另外，在指纹识别模块的设计方面，一般以多媒体软件平台（FLASH）中存储的管理员指纹信息为主，当装置出现信息错误时，将无法启动门禁系统，此时可以利用指纹信息进行启动。

3. 装置的软件设计

装置的软件设计作为智慧校园实验室设计的关键内容，一般围绕教师、学生、实验室管理员以及系统管理员进行设计与管理。以学生为例，学生可以通过网页或者移动客户端登录系统，完成个人信息修改工作或者是课程实验室所在位置确认等。同时，学生还可以根据平台信息查询自己的课程信息，如上课时间等。教师则可以利用实验室管理平台上传与本节课实验相关的资源信息或者相关文件等，让学生及时浏览以便增强课堂教学效果。实验室管理人员可以借助该系统阐明实验室使用情况，并根据相关数据内容制作成表，以便后续管理应用。系统管理人员可以根据系统装置的运行状态，针对错误消息以及代码问题等进行合理的研究与分析，确保信息资源在真正意义上实现共享与互动。

二、基于智慧校园的实验室安全管理问题分析

当前，实验室信息化管理网络平台的不断优化与改进，促使高校实验室在信息化、智慧化管理方面取得了较大的成果。如有利于仪器设备以及人员等资源进行合理配置或者规划管理，促使管理范围以及规模不断趋于标准化方向发展。为确保信息资源在真正意义上实现共享与互动，建议管理人员针对智慧校园实验室安全管理问题进行重点研究与分析。

管理人员可以从适当加强实验安全培训教育、构建科学合理的安全教育管理机制、强化实验室网络信息化管理等方面入手，力求从多个方面统筹规划、合理部署，落实隐患问题并加强整改治理，确保信息化实验室得以安全应用。除此之外，管理人员还应对实验室危险品化学管理系统以及防控设施建设等问题加以重视，以期为实验室管理系统的长足应用提供保障。

目前，随着教育信息化工作的不断深入，信息化手段已经广泛应用于实验教学、科研与管理工作当中，甚至已经演变成为高校实验室改革发展的必然趋势。根据实际作用情况来看，依托于智慧校园搭建的实验室管理系统初步实现了信息化管理要求，在资源数据方面可以实现共享。最重要的是，进一步实现实验室网络信息化管理，可以促进实验室管理的优化发展，有利于提高实验室的运行效率，并增强安全管理效果。相信在未来，基于智慧校园的高校实验室管理平台会得到更好的发展与建设。

第四节　基于地理信息系统的智慧校园监控系统建设

信息化时代到来，校园将管理与技术相融合，打造出智慧校园，通过数据信息的传输对校园环境进行多维度监管，为校园安全提供一定的保障。基于此，本节以地理信息系统为切入点，对该系统特性进行论述，对智慧校园监控系统的技术进行分析，从空间定位功能、数据属性关联功能两方面，对相关技术的实现进行研究。

智慧校园是将信息化技术与校园管理体系相融合，依托于精准的信息识别，提升校园管理工作的时效性与精准性。在应用地理信息系统的条件下，依托于硬件、软件技术，以及网络系统，可对校园进行多维度监控，管理人员只需通过相应的交互设备，便可掌握校园的各类动态信息。这种校园监控体系的建设，极大地减轻了管理人员的工作负担，为校园安全环境的运行提供基础保障。

一、地理信息系统特性

地理信息系统（GIS）以计算机设备为载体，融合通信技术、遥感技术等，对地理信息环境进行精准的数据分析与核查。在科学技术革新的背景下，GIS的实际应用范围也逐渐扩大，现已广泛应用到各个领域中，如环境监测、交通运输等领域。同时，在大数据技术支持下，GIS可对内部传输的数据信息进行高效率整合与分析，以及时为管理人员提供决策信息。

二、智慧校园监控系统的技术分析

在建设智慧校园监控系统时，应先建立相应的校园网络体系，确保系统内各项数据信息传输的精准性，同时应依据实际监控节点对设备型号进行选择，防止设备周边的大功率环境影响数据信息的传输质量。

第一，校园地形数据。整体地形及建筑物结构是监控系统建设的主要框架，在信息采集时，利用无人机对校园上方进行整体环境的监测，然后利用建筑信息模型技术，将采集到的图像信息进行数字化处理，以此来作为GIS的数据储备，确保在搜索数据信息时，GIS可及时响应。

第二，数据库建设。考虑到管理人员的工作特性，在建设数据库时，除了系统内的地图数据库以外，还应添加相应的客户端登录入口，并进行权限设定。在管理人员进行指令搜寻时，系统将依据管理人员的信息指令在数据库内进行查验。而对于原有的地图数据库来讲，其打破传统的空间传输局限，将系统采集到的信息分类存储到相应的数据节点中，且每一组数据均具备时间节点的标记。

第三，建筑物层级信息资源建设。高校建筑物结构一般具有较多的楼层，实际数据信息采集如以建筑物单体为采集对象，将无法做到精细化数据采集。为此，采用倾斜式摄影方式，对目标路径进行精准的数据信息采集，然后将生成的单层数据文件进行整合，即可展现出精细化的建筑物结构。

第四，监控系统建设。监控系统作为一种视觉传感装置，其通过对外界环境信息进行采集，并映射到系统内进行数字化处理，然后再传输到互动界面中。系统监控功能的清晰度与监控装置的质量具有直接关系。

三、相关技术实现

（一）空间定位功能

在智慧校园监控系统中，空间定位功能是系统对采集到的数据信息进行分析，然后通过函数的设定形式来建立空间坐标。例如，在对高校的教学楼进行监控定位时，将系统内数据信息的第一个成像点作为基准函数，此时教学楼图层为参数映像点，当第二参数信息对系统内进行空间访问时，则系统将自动生成空间对象，以此来对建筑目标的楼层进行设定。在监控系统运行过程中，数据内的信息将依据监控节点进行正确分类，而在智慧校园网络中，将对监控信息进行正确识别，然后与智慧校园内的数据信息框架进行比对，通过信息反馈功能，最终确认监控所处的空间节点，以此来为管理人员提供决策信息。

（二）数据属性关联功能

智慧校园体系是依托于通信技术来实现的，无论是有线网络，还是无线局域网络，在对数据信息进行传输时，均以固定的数据目标为核心，在时间维度、空间维度的数据传输过程中，各项终端采集节点将呈现出同步功能。监控系统作为智慧校园网络中的一部分，其与报警系统相关联，依据内部参数的设定，当系统采集到的数据信息出现异常时，则报警系统将通过智能终端设备进行警示，令管理人员及时认知到当前校园环境存在的异常状态。此外，在空间数据互联体系的建设过程中，智慧校园网络可实现高效率运行，其不仅仅是针对某一项设备节点来建立网络环境等，而是通过对数据信息的整合，来建立一种数据大环境传输体系，以此来拓展监控系统的工作范畴，以建立安全的校园环境。

综上所述，建设智能化校园监控系统，对校园可进行实时监控，管理人员在监管过程中，只需通过系统便可知晓校园环境的实际情况，可有效减轻管理人员的工作压力。本节是对智慧校园的监控系统所涉及的技术及技术实现进行研究。期待在未来的发展过程中，智慧校园可与5G通信技术实现更好的融合，有效提升数据信息传输效率，为校园监管质量提升提供基础保障。

第四章 基于大数据背景的智慧校园理论研究

第一节 面向大数据的智慧校园建设

智慧校园是校园数字化的高级形态，也是校园信息化建设的必然趋势，将引起高等教育革命性的变革。智慧校园建设应从管理层观念的转变开始。管理层需要建立大数据思维，向大数据要效率，用数据说话；夯实基础网络和平台，为大数据的流动提供强有力的保障；加强 IT 人才培养和队伍建设，为不断推进智慧化进程积蓄力量；以大数据为核心，以搜索引擎为主要任务，以人工智能为根本驱动力，做好网络运维、智能计算以及数据挖掘，加快校园各项事务的数字化转型和智能化处理进程，为高效教学、高性能科研计算、科研潜力挖掘、便捷的校园生活提供个性化服务，为科学的管理决策提供强有力的支撑。

随着物联网技术和移动互联网技术的深入发展，大数据技术应运而生。如果说计算机数值模拟是继生产实践和科学试验之后的人类认识自然规律的第三种工具，那么大数据技术便是第四种强有力的工具。通过对大数据的采集、存储和可视化可以还原事物运动的过去和现在，这不是虚拟现实和增强现实，而是事物运动的本来面貌。通过人工智能、机器学习技术和大数据挖掘技术可以推测事物未来运动的可能形态。2016 年阿尔法围棋战胜世界围棋冠军李世石就是一个生动的例子。将大数据技术应用在校园管理中即智慧校园建设。智慧校园建设需要从观念意识上进行彻底的更新，是一个从整体校园活动过程空间到大数据流动计算和结果展示过程空间的映射，是一个线上与线下的联动，无法区分界限的过程。这必将使整个校园管理、科研教学变得高效运转和快速升级，使整个校园生活变得更加丰富多彩和便捷有序。

当前，对智慧校园的定义、特征、意义、建设技术框架、相关技术、个案以及紧迫性等方面的研究已经非常丰富。但是，在实践操作方面还缺乏系统的认识与研究，很多高校在智慧校园建设过程中仍然感到茫然，不知从何处着手，如何布局和展开。为此，本节拟围绕校园大数据，从四个方面提出智慧校园建设的思路和参考实施方案：智慧引领，即管理层的观念转变；智慧基础，安全的宽带网络建设；智慧主力，IT 队伍建设与人才培养；智慧服务，校园数字化转型的目的。此四个方面可作为对于智慧校园建设鉴定的参考标准，也可作为对于智慧校园建设评价的参考标准。

一、在智慧校园建设中需要管理层转变观念

智慧校园建设工作能否顺利推进，根本力量是科技的发展和进步，但是管理层观念转变也是一个非常关键的因素，能起到重要的引领作用。没有校园管理工作的数字化转型，就不可能有智慧校园建设。在管理过程中如何保证公平、公开、公正，如何做到科学透明，管理工作的好坏如何评价，在管理过程中如何避免腐败现象，这些都是管理工作的关键问题。要想彻底解决这些问题，就必须依靠智能信息技术，依靠大数据技术。管理者对此要有一个清楚而明确的认识，还要有为人民服务的高尚情怀以及政治魄力与勇气。

（一）减少管理的随意性，增强管理的制度化

管理制度化最强有力的手段就是将工作流程计算机程序化。首先，在明确各项工作流程的基础上，制定各项规章制度，做到有章可循，使每个人都清楚，什么事可做，什么事不可做，如果可做，如何做。其次，将工作流程绑定到校园网上，任何人、任何时候、任何地点只要打开校园网，工作状态一目了然，什么事情从什么时候开始，由谁发起，经过几个环节，当前处于什么状态，都能使人迅速了解。不仅如此，整个事情的起因、经过、结果（包括对管理部门的满意度评价、意见反馈）都详细地记录到数据库中。有了这些宝贵的记录，经过大数据分析、可视化，各个管理人员的德、能、勤、绩可清晰展现。这样省去了大量的民意调查表、民主测评表。所有人都是工作流程中的一个环节，每个人都是"用户"，被其他人所"服务"，都有进行满意度评价、意见反馈的权利和义务。同时，每个人又是"服务者"，所做的每一件事都是为其他"用户"服务的。所有业务都需在办公网上流转，要尽可能地减少或者避免网外作业。这样做的结果是，大家都遵守规则，照章办事，责任明确，上下一视同仁。

每一次业务的流水客观真实地记录了相关人员的态度、速度和质量。对数

据的横向和纵向分析及结果展示反映出所有人及同一人不同时段的表现。如此一来，对某一位员工的评价就削弱了某个人意见的影响，凸显了群体的意见，提高了评价的公平性、公正性和客观性。评价结果也不受机构改革、人员调整或者是岗位变换的影响。员工在任何时候、任何地点，只要登录校园网，就可以按照不同的授权通过搜索引擎将相关工作记录、德才表现和评价内容调出。

管理工作的数字化、程序化转型使靠人情关系圈、朋友圈维持的工作模式失去了发展土壤，让消极腐败行为无处藏身，每个人都要努力做好工作，为其他部门做好服务。

（二）加强对各类业务流水记录和各类数据的采集

在当前的管理过程中，全年涉及大量信息表格填写、个人事项申报、科研成果申报、个人信息登记等工作，每个管理部门都要求上报信息，经常会形成信息不一致的现象，也浪费了大量纸张，这跟国家的绿色、低碳、环保的办公精神背道而驰。将文件流转的方式，固化到校园网上，提倡用电子签章、电子水印、电子密码等方式作为确认、阅读、学习的标记，与电子商务中的支付密码、指纹识别、刷脸识别等确认方式类似。任何人在校园内任何区域都可以通过无线终端办理业务，然后电子签章确认，这样既提高了工作的便捷性，又最大限度地避免了政治学习的形式化和弄虚作假现象。智慧校园建设要求校园内每位教职员工拥有唯一账号，登录系统后可以填写自己的各种信息，各部门都以相同接口访问信息，保证了所有个人信息的一致性。校园搜索引擎可以以账号为关键字采集个人行为数据信息，作为给每个人画像的依据。

长期以来高校中存在的官僚主义、形式主义等落后思想都可以在大数据的应用中逐步消除。①督促检查。以往上级部门布置任务后还要督导检查完成情况，基层部门临时要补很多假记录，以应付检查，这种形式主义没有实际意义，浪费资源，浪费时间。在管理程序化后，工作每进行一步都要录入系统，时间日期、办公地点等都会自动写入流水里，上级部门可以直接通过系统查看完成情况。这样做不仅可以客观真实地记录任务完成的过程和效果，而且基层部门还可以养成总结经验的习惯，培养其求真务实的品质。②会议记录。以往各种会议、交流学习都需要有记录，这个要求本来对工作进步非常有好处，可是如果流于形式就会适得其反。在工作程序化后，会议记录可以通过手机应用程序（APP）及时录入系统，个人心得体会、组织会议内容、形成的决议都可以实时录入系统，还可在系统中上传开会学习的现场照片、短视频、个人发言录音等多媒体资料。这种方式不仅可以让开会学习成果真正落到实处，发挥其应有的作用，而且可以锻炼个人口头语言表达能力和书面语言组织能力。

采用人工智能技术可以对开会、学习、工作过程中所留下的图片、文字、声音、视频等海量数据进行统计、分类、识别、挖掘，容易给出各部门和个人的客观评价。"大数据智慧"真正使管理人员、教职员工从无意义的、形式化的文山会海中解放出来，避免大量不必要的纸质文件和报表。

二、在智慧校园建设中需要夯实基础网络和平台

（一）有线与无线相结合的宽带数据传输通道

光纤通信有容量大、带宽宽、空间小、保密性好、抗干扰能力强、故障率低等特点，适合建设校园网的骨干网。线路平直的地方可以考虑光纤接入终端设备，线路弯曲复杂的地方采用双绞线接入、无线网络接入或者 5G 接入。特别是安全可靠的无线网络的建设，使每一位师生都可以用手机、电脑等终端设备通过无线网络接入校园网，真正实现移动学习、移动教学和移动办公，进一步提高他们的工作、学习效率。

（二）校园全覆盖的物联网保证数据的全面性

在校园的关键区域，如各建筑的进出口、十字路口、教学楼、实验楼、办公楼通道内安装摄像头，采集校园内人员的行为大数据；在校园内餐饮、娱乐、医疗、购物等涉及消费的区域安置"一卡通"终端，记录消费大数据；在教学、科研、实验楼口安装刷脸、刷指纹、刷声音等生物识别终端，记录人员进出情况；在办公室安装统一标准的云终端，将所有日常工作行为拉到虚拟服务器端，本地终端不存储任何资料和数据。这样，服务器端可以统一填写每人每天的工作日志，既省去了大量闲置或利用率极低的办公终端设备，同时也保证了数据的全面性和准确性，便于对数据的分析和挖掘。

（三）分布式文件存储系统保证数据的可靠性

虽然校园网跟互联网相比，规模小、数据量小，但是数据种类齐全，数据的异构性是相同的。另外，校园网内数据包括日常管理中的业务数据、教学中的过程数据、科研中的成果数据、生活中的交易交往数据等。这些数据整合到一起数量非常庞大，从横向看，数据种类多，从纵向看，每一类数据都是一本随时间记录的流水账。如此大量的数据如果采用集中存储的方式，就非常不安全，容灾能力差，需采用分布式、碎片化存储方式，多点备份。另外，大量异构数据也不宜全部用传统的关系型数据库来存储，如大量视频，抓拍的照片，

各类业务的流水记录，各种评论、意见、反馈文本及表情等，仅通过传统关系型数据库存储和处理显得力不从心。可以选用海杜普分布式系统基础架构对数据进行统一分布式存储和处理，根据需要采用关系型数据库或非关系型数据库，文本数据库、图数据库、视频数据库等。比如，以往的各类办公业务系统，其工作流程数据用关系型数据库存储，可以通过专用工具转入海杜普平台；当前办公过程中涉及的各个环节信息以日志的形式写入海杜普平台的分布式文件中，或以非关系型数据库进行存储，方便利用搜索引擎检索，进行大数据分析。当然大数据分析还需要对非关系型数据和关系型数据记录进行清洗、集成规范化，创建面向特定业务的数据仓库，而提供决策支持服务还要创建知识库和方法库。

总之，智慧校园大数据需要用到多种分布式数据库技术来存储和处理。

（四）多层防护及防火墙体系保证数据的安全性

"得大数据者得天下"，这反映出大数据对未来工作及相关决策的重要性。那么，保证数据的有效性和安全流动便成为校园网网络安全的头等大事。我们可从身份安全、应用安全、数据安全、终端安全、传输安全和通信安全六个方面层层设防，以确保校园网内数据不能轻易流出或被窃取。一是身份安全。不论是采用有线通信还是无线通信接入校园网，都需要进行安全登录认证，可采用类似 U 盾的外插硬件认证，如"校园网盾"，加上密码认证，语音、指纹、人脸等生物认证方式，确保登录校园网者为校内人员。二是应用安全。校园网内所使用的软件只能通过校园网安全下载得到，无法通过其他方式安装，避免不明身份的软件进入校园网。三是数据安全。可采取两种方式，一种是校园网终端接入采用虚拟终端方式，所有数据操作都放到服务器的虚拟主机中，这样可将本地计算机中的应用与校园网隔离，另一种是校园网数据文件添加数字水印，这样即使不慎将网内数据流出，也不能轻易被解读。四是终端安全。不论是台式机，还是移动终端，如平板电脑或手机，都采用经过加密处理的定制设备，或者要安装专用防火墙和专用监测软件。五是传输安全。采用数据流加密传输，如网页文件采用超文本传输安全协议（HTTPS）的密文传输方式，防止数据被轻易监听。六是通信安全。其主要指通信接入的密码认证，如校园无线连接需要进行密码认证，或者生物认证，或者"校园网盾"辅助认证等多种方式，避免接入伪基站。

三、在智慧校园建设中需要加强人才培养和队伍建设

随着智慧校园建设的不断深入，校园网规模越来越大，承载的业务越来越多，亟须整合资源，集成分享，以保证数据的透明流动，减少业务的人为主观因素，提高管理决策的客观性。这些网络设备和平台的运行维护不仅涉及大量的新硬件、新软件，也会涉及大量的新技术，某几个第三方公司承包很难胜任，弊端太多，如技术含量低、成本高，面对大量的专业应用软件和新技术往往无能为力，有时还涉及保密问题，第三方维护人员不便介入。这样会造成基础网络的重复建设和大量的无用投入，平台系统不仅不能发挥其应有的作用，有时甚至使本来简单的工作变得更加复杂，当然不可能有智慧可言。因此，高校要着力培养自己的运维人员，组建自己的大数据队伍。高校需成立云计算中心，该中心需建立五个研究团队：发展规划研究团队、网络运维研究团队、智能计算研发团队、大数据挖掘与分析团队、在线课程研发团队。云计算中心的主要职能是对外技术引进、技术合作，对内研发、维护适合本校办学特点、专业特点、管理模式的云计算平台，其人员由常驻专职人员和受聘兼职人员组成。各研发团队成员可以是本校受聘兼职教师，也可以对外聘用全职科研人员。

（一）组建发展规划研究团队，培养高效的网络建设规划人才

凡事预则立，不预则废。发展规划关系到整个智慧校园建设的发展方向，关系到校园网络大数据平台能否稳定高效地为教学、科研、管理、生活提供强有力的支撑和便捷的服务。因此，发展规划团队要关注IT技术前沿成果和发展动态，所提出的决策建议必须具有高度的科学性和权威性，所提出的建设方案需在相当长的时间内保证技术上不落后，设备高效可用，能保证数据的合理流动及相关业务服务的及时提供。发展规划团队成员不仅要懂专业技术，而且要懂教学模式并承担一定量的教学科研任务。其还要懂管理，考虑问题要站在高校发展的高度，做好高校信息化建设的智囊团。他们要定期对本校智慧校园建设工程进行评估，组织各项IT工程的招投标和项目验收工作，定期组织线上与线下的网络建设讨论，以充分了解各方面的需求和当前存在的问题。

（二）组建网络运行维护研究团队，培养专业的网络运维人才

网络运维团队负责网络设备监控、设备异常及时发现、校园内网络业务的办理（如互联网业务、虚拟服务器的租用、虚拟终端使用等）及网络质量的定期分析，不断提高网络运行质量，保证大数据产生、传输、存储以及分析结果展示的顺利进行。其具体涉及以下几个方面：①物联网（传感网络，如视频监

控设备、定位签到设备、"一卡通"终端、环境监测传感器等等），完成大数据的采集；②通信网络，如光纤网（光传输设备、转接设备等）、无线网（无线网络接入点、5G接入点等）、双绞线网、同轴线网等，完成大数据的传输；③存储域网，云存储所用的磁盘阵列，完成图、文、声、视等大数据的存储；④服务器网络（如互联网服务器集群、校园网服务器集群、高性能计算服务器集群等等），保证各项业务的正常进行；⑤各种软件模块、系统、平台正常运行及对其所产生数据的维护。总之，网络运维团队要保证全校网络设备稳定、软件平台可用、大数据安全有效，并对网络运维质量做出评价，定期提交运维报告。

（三）组建智能计算研究团队，培养技术研发和智能计算人才

智能计算团队的主要任务有三个。

一是高性能数值计算方法的研究及适合本校培养专业方向的实战化数值模拟方法的推进和辅助设计。如计算数学、计算物理、计算化学、计算生物、虚拟现实、增强现实等方法。高性能计算涉及中央处理器（CPU）内部算数运算器并行计算、多线程并行计算、集群并行计算、分布式并行计算、图形处理器（GPU）协同并行计算以及图形处理器（GPU）集群并行计算等。高性能并行计算方法的研究既有利于数值模拟技术的发展，也有利于搜索引擎技术的发展，还有利于大数据分析应用的发展。

二是校园网搜索引擎的引进、研发与维护。搜索引擎是资源集成共享的智能核心，也是智慧校园"智慧"的核心表现。搜索引擎的任务有多个方面，将校园网内所有业务资源集中动态管理起来，成为校园的百科全书，任何涉及本校的业务、知识都可以在校园网搜索引擎中搜索得到。①校园舆情的晴雨表。搜索引擎不断抓取校园网内论坛、教学与教务生活管理新闻，以及相关评论，以便进一步通过大数据分析，了解本校师生的舆论动态和情感倾向。②高校科研人员的知音。搜索引擎通过动态监测校园内师生科研信息检索轨迹，分析全校师生的科研价值取向，主动到相关网站抓取最新的资源，保存到校园网内，一方面可以提高科研资源的检索速度和效率，另一方面可以动态地推荐最新科研信息，以及大家关注的新技术、新成果信息。③互联网访问的智能代理。有些高校对校园网内信息的安全保密性要求非常高，采用校园网和互联网物理隔离的方式。这种方法理论上是最安全的，在一定程度上遏制了泄密事件发生的可能性，但是却不能从根本上阻止泄密事件的发生，也阻止不了校园网内数据的流出。反而在客观上需要增购大量的可访问互联网的计算机，造成大量资源

浪费，互联网的信息又共享不到校园网，给日常工作带来很大的不便。物理隔离并不是信息化建设、数字校园、智慧校园建设的科学方法。而校园网搜索引擎技术的应用可以承担起互联网访问智能代理的任务。在校园网和互联网之间建起一道屏障，通过这道屏障，从校园网向外看是透明的，从互联网往校园网内看是不透明的，也就是数据只能流入，无法流出。④生活助手。通过搜索引擎可以建立起点对点的安全连接，如通过校园网连接到各大银行、证券、大型购物网站等。这样既方便了广大师生的日常生活，也可以通过流动的电子商务数据采集分析广大师生的消费观念、价值取向等方面的信息。因此，建设"校园百度"是智慧校园建设的核心内容之一。

三是云计算技术的引进和研发。随着校内跟外界交流合作的逐渐频繁，校园网业务不断增加，如在线课程的推出，云计算技术的应用就成为必须。当前信息技术的发展使全球广域网服务系统成为编程松耦合、模块快速集成和升级、扩展较容易的系统，同时人力成本越来越高，软件维护费用随之大幅提高，校园网上运行的系统不可能仅靠软件公司来维护，而要有自己的研发团队，从事云计算技术的研发和应用开发。再加上开源软件的发展，高校自己研发与维护变得更加可能实现。当然从整个系统架构来说可以引进大公司的解决方案，后期的维护和扩展则一定要有自己的团队。云计算技术是搜索引擎的核心技术，也是在线课程的核心技术，涉及人工智能、机器学习、模式识别和大数据挖掘，是智慧校园建设的核心技术。

（四）组建大数据挖掘与分析团队，培养高级的大数据分析人才

大数据挖掘与分析团队主要负责面向决策，对监控视频大数据、监控抓拍大数据、校园舆论与意见反馈文本大数据、语音监控大数据、科研人员科研成果大数据、科研人员科研信息检索大数据、教学过程大数据、管理过程大数据等进行分类、聚类、统计、汇总、预测分析，最后将分析结果可视化，给出推荐方案和决策建议，定期编写、推送个性化的大数据分析报告。

（五）组建在线课程研发团队，培养在线课程专业人才

未来教育一定是线上与线下混合模式的多媒体教育，是传统课堂与慕课、微课、云课、私播课等多种模式的整合重现，开发多媒体在线课程离不开专业的团队。在线课程研发团队负责跟踪教育领域先进的手段和技术发展现状，结合本校实际情况，与各专业课团队和教师一同开发出独具特色的在线课程；负责云课堂系统平台的引进、合作开发和后期维护，以期将全校所有课程全部上线；与教务处一同设计总体教学环节，考核评价体系，尽可能地减少教学中的

人为因素，能够记录教师的整个教学过程，记录学生的整个学习过程；负责教学新技术的推广和培训。

四、智慧校园建设为高校提供强有力的支撑和便捷的服务

（一）教学过程的跟踪与监控

智慧校园对教学过程分两条线进行跟踪。一是线上云课堂系统，如对教师教学资源的准备情况、教学环节设置情况、作业布置、问题简答、测验分析，以及学生的学习情况进行跟踪记录；二是线下讲课视频录制和抓拍，通过刷脸、指纹、声音等方式记录教师的到课情况和学生的到课情况。

（二）科研能力的评价与挖掘

校园网通过搜索引擎收集全校师生的个人信息，包括科研信息，如发表论文、出版专著、申请专利、申报项目、参加活动等内容。从纵向上看，可通过对大量的个人科研异构数据进行智能数据分析，对其科研能力做出科学评价，给出改进建议和更优的发展方向推荐，还可以由此发现人才；从横向上看，可以对科研人员进行考核评比，通过分类聚类，将兴趣爱好相似的人员进行优化组合、组建团队。对本校师生的教学水平、科研能力与其他院校的师生进行比较，以便更好地评估本校的教学、科研水平，得出更加科学的结论。

（三）人员行为的监控与分析

一方面，通过线上网络舆论的观察记录分析，发现异常，发出危险预警；另一方面，对校内人员进行视频监控，及时发现可疑人员、行为异常人员，并发出实时预警。

（四）内网、外网的连接与转换

出于安全和保密考虑，智慧校园应实现校园网和互联网的安全转接，通过多级保护，保证校园网的安全认证。做一个智能代理，校园网可以通过登录认证，进入校园网搜索引擎，提交检索任务，搜索引擎负责访问互联网，并返回检索结果。校园网用户不能直接访问互联网，确保互联网资源可以通过代理进入校园网，校园网的资源禁止流出。允许校园网用户通过特定方式访问特定安全站点，办理特殊业务，设立发送邮件保密审查电子警察。这样，既能保证校园网安全独立运行，又能满足广大师生的互联网使用需求。

（五）管理工作的决策与建议

校园管理工作涉及方方面面。通过监控视频大数据，分析各教职员工出勤、参加活动、参加会议的情况，作为日常考评的依据；通过个人科研成果的记录、奖惩情况的大数据分析，为职称晋升提供参考。

在智慧校园建设过程中，管理理念和思维模式的转变是先导条件，"智慧"的物质基础是大数据，良好的宽带网络是保证大数据安全流动的基础，云计算中心是"智慧"的驱动力量，团队建设和人才培养是智慧校园建设得以不断推进的根本保证，而机器学习、模式识别、大数据挖掘和分析、人工智能是智慧校园建设的核心技术，面向大数据的教学跟踪、科研挖掘、辅助管理决策是智慧校园服务的主要内容。

第二节 基于大数据的智慧校园信息化建设

随着科学信息技术的不断发展，社会发展水平有了显著的提高，大数据时代也开始真正地走进了人们的生活。作为教育最基本的传承者校园来说，建设起大数据时代背景下的新型智慧校园正是工作重点，也是响应时代发展要求的当务之急。而如何着眼于智慧校园的信息化建设是所有人需要共同思考的一个问题。本节结合大数据时代发展的新特征，对校园的信息化建设展开研究。

智慧校园建设这一概念的提出得益于信息技术的快速发展，这也是时代日趋进步的产物，大数据的应用也开始渗透到了人们日常生活中的每一个部分。人们的信息交流更多的在网络这个大环境下实现，而一些学习资源的共享也可以依靠大数据实现，这无疑为广大的学习者提供了巨大的便利。因此对于广大的校园建设者以及教育从业者来说，智慧校园建设也不再是一个陌生的概念，在一些先进的地区已经开始实施智慧校园建设，借助大数据手段、依靠互联网信息技术将校园数据库处理得更加系统化、完善化，方便校方和师生之间的有效沟通。智慧校园建设也能够为学生创造一个更加舒适、开放的校园学习以及生活环境，有利于学生的健康全面协调发展。

一、大数据给校园信息化建设带来的挑战

随着信息化技术整体水平的提高，信息系统的不断更新换代也推动了智慧校园信息数据库的不断更新。近些年来，各高校响应在大数据时代下，建设智慧校园发展的号召时，也积极做出了应有的改变。不过，高校校园信息技术现

在所能达到的水平同快速发展的信息技术相比较，仍然存在很大差距，这也是高校需要不断提高创新发展意识，学习新型技术用于智慧型校园建设的很大一部分原因。就一些高校校园信息化建设的阶段性进程来看，其虽然已经初步具备了一定的校园信息数据库处理能力，但是在运用现阶段盛行的云端计算处理、大数据库处理等技术方面始终还存在一段不可忽视的差距。这主要从先进的信息技术的冲击、有效融合多业务的挑战，以及校园信息化建设中运作模式更新的新思考这三大方面进行研究。

（一）先进的信息技术的冲击

近些年来，不断涌现的信息化技术对于高校的智慧校园建设提出了新的挑战，这也意味着原有的信息技术已经不能够满足人们现阶段下对于大数据处理中新的需求，如云端计算信息技术的处理，其数据处理能力以及运算速度都远超过一般的计算机处理能力。而智能终端的出现也为人们的生活带来了更大的便利，为便捷生活充分利用劳动力等提供了更多的可能性。以移动互联网和物联网为代表的移动浪潮彻底占据了人们生活的方方面面，这对于校园信息化建设来说也是不可忽略的一大重要组成部分。移动网络在校园内的应用不仅是为了学生同外界的交流构建起一座更加直接的桥梁，同时也是校园内部和外部进行信息交流互换的有效渠道。高校所布置的网络仍然存在局限性，应该更快地响应互联网时代的新要求，全面升级推进校园网建设。

（二）有效融合多业务的挑战

在数据信息大碰撞的 21 世纪，信息化技术的普及不再只局限于一种领域的应用，而开始更多地融入多样的业务以满足人们生活、办公以及教学活动开展的需要。从高校智慧校园信息化建设来看，信息技术的应用不仅需要满足学生的日常需求，包括登录教务系统查询、课表查看、报名选修课程等基本业务，也要包含校园内部活动近况以及高校未来规划动态等要件。同时信息数据库在校园系统内的应用，还应当更加注重对于文献的搜集整合查询等功能，不断丰富校园知识库，从而满足学生日益增长的对于学习进行探讨的新要求。多业务的融合具体包括在校园教学过程中引入更加先进的教学模式和科学的教学信息化管理模式，从而更加系统化地安排学生的课程学习排表，给予学生更加丰富的、人性化的课程体验。而从一些高校现阶段的教学情况以及校园信息化建设水平来看，其还停留在最基础的校园网络建设上，功能更多的也只停留在帮助学生查课程、查成绩、登录个人账户等基础的模块中，并没有做到数据信息库的充分建设。这也要求高校不断提高对于多领域融入高新发展信息技术的重视程度，强调多方面业务融合的全面性发展。

（三）校园信息化建设中运作模式更新的思考

一个良好的信息化运作模式对于高校的整体发展来说有着不可忽视的作用，而如何在信息流冲击如此复杂的时代找到一个良好的运作模式，是很多高校现阶段在建设智慧校园过程中所遇到的一个难点，这和高校数字化校园建设工程的复杂性有着密不可分的关系。也正因为这样，到目前为止也没有一个 IT 公司能够完完全全解决高校智慧校园建设过程中所可能遇到的一切问题，运作模式建设落后于信息化技术的发展，让很多高校都陷入了一个进退两难的境地。校园内部运作模式落后，无法快速跟进科技信息技术水平的发展，导致智慧校园工程建设被迫延期。而为了找到一个符合本校发展情况的运作模式，不仅需要高校更多地思考科学可持续性发展所走的路线问题，同时还应当吸收更多有才智的教师，打造校园内的智囊团，听取多方面的意见，努力达成共识，为高校的运作模式可持续性发展做出更多的奉献。

二、智慧校园信息化的特征

（一）互联网高度发达

互联网高度发达不仅仅是现代化的基本特征，也是智慧校园最基本的特征之一。智慧校园的建设就像其名字所传达的那样，通过互联网技术这个大网络将校园内的人们紧密联系起来。这不仅体现在学习资源的融汇共享上，同时也体现在通过互联网以及物联网的运用方便人们的日常生活上，如相互之间的交流变得更紧密了，高校超市的互联网结算系统更加发达，可以支持自动结算等。

（二）应用程序功能智能化

校园应用程序（APP）智能化更多的是建立起人与物之间的联系，有助于帮助学生或者是初次进入校园的人在最短的时间内熟悉校园。这对于校园 APP 的智能性服务有了更高的要求，具体可以从智能端所提供的服务来分析。智慧校园中 APP 终端的智能化可以体现在将高校的地形结构、各建筑功能区域进行色块明确的分类上，通过终端地图的布局体现可帮助学生迅速熟悉校园，找到自己想去的地方。APP 上智能终端的应用还体现在可以发布校园内相应的信息上，如在哪里、什么时候、将举行什么样的活动，最近高校的时间安排，课程的适时调整，高校最近举办的考试等，都可以通过 APP 终端的形式发布出来，让学生在最短的时间内了解校园动态，响应校园活动的号召，从而更加有助于建造起一个人人参与的、和谐融洽的校园环境。

（三）团队协作更加便利

智慧校园信息化的建设，最直接的便利就是加快了信息的交流和传输，有组织、有意识、有目的和有计划性的协作活动是人类所特有的表现，也是人类智慧活动的产物。通信技术的快速发展对于人们的日常交流以及信息的传达显然是提供了巨大的便利。这在校园中也有更加突出的表现，教师在上课之前可以通过网络信息或者校园系统发布下节课程所需要做的准备，或者当有突发事件需要请假时也可通过智慧校园信息网络系统实现快速调课，用最短的时间解决有可能发生的课程冲突等问题。在高校内对于团队协作的要求也越来越高，更多的教学任务需要由学生完成。这时候教师就可以通过智慧校园的教师端口下发阶段性任务要求，而学生可以通过校园网络端口了解到目前所需要做的目标任务，从而有目的性地同组队成员共同完成。

（四）知识体系趋于完善

在大数据时代下，智慧校园系统的建设在很大程度上也取决于信息交流日趋频繁，这为知识库的更新提供了更好的桥梁，使校园信息化数据库内外之间的信息交换成为可能。一方面，学生、教师，或者一部分获得权限的校外人员可通过本校的校园信息化系统查询所需要的资料，快速获得所需知识内容或相关文献；另一方面，学生、教师，或者一部分获得权限的校外人员，可通过校园信息化系统上传有用的资料，经过一系列相关的审核，即可正式列入数据库系统，成为知识数据体系的一部分，供其他人下一次的阅览查询。

（五）外部社会有效沟通

这要求高校的教学管理以及教师的授课模式等，都应当主动与外界接轨，保持高校资源同社会先进资源之间的紧密联系。智慧校园的信息建设，其中一部分就包括了同社会中先进的教学资源相联系。国内高校可通过和一些国外优秀的高校建立起友好的合作关系，定期交换师资力量让本校教师学习先进的经验，不断更新教学理念以及教学模式，为高校教育注入更多的新活力。强调高校和外部社会建立起有效的沟通桥梁，还包括实时跟进社会新动态，以及国家教育部门最新发布的动态，实时更新高校教育方向，真正做到高校与社会先进力量的接轨，从而建立起一个基于大数据时代符合时代发展总体趋势以及教育改革标准方向要求的智慧校园。

三、大数据背景下智慧校园信息化建设方向

（一）培养智慧型人才

大数据时代背景对于智慧校园信息化建设提出了更加明确的要求，高校是开展教育活动最基本的途径，始终关注高校的教育职能，是时代发展下教育永不过时的一个发展方向。智慧校园的信息化建设也应当始终将对学生的培养置于一切工作的总出发点和利益的中心点，更多地关注学生的全面健康可持续性发展，并结合时代发展的新特点，把培养智慧型人才作为智慧校园建设的第一要义。同时要求教师在教学过程中运用更加现代化的信息科技手段完成课程设计，鼓励教师更多地将人工智能等技术运用到课堂的讲解上，让学生更加近距离地感受科技的力量；在教学评价过程中，要求高校更加注重教学活动应当是由教师的教和学生的学共同完成的，故对于学生的成绩评定要更多地结合与课程相关活动的表现，以及平常在课堂上的参与程度，给予学生更加客观全面的综合性评价。高校除基本学科课程安排之外，还要求结合不同专业的特点以及在社会上所处的情况给予评定，主动和社会上优秀的企业进行联系，给予学生更多的社会学习机会，促进学生的学在社会上有所体现。智慧校园信息化建设对于智慧型人才的培养，要给予其更多的正确的人生观、价值观的指导，以保证学生能够从多个角度、多个领域去认识、理解世界，这样有助于培养出跨领域的、全面的智慧型人才。

（二）建构服务型校园

最终如何衡量智慧校园建设的价值，从很大程度上来看可通过对智慧校园信息化建设的服务性职能的实现来评定，其服务性职能越成熟越能够体现智慧校园信息化建设体系的完善。因此，除了将知识性的教育以及智慧型人才培养作为智慧校园信息化建设的目标之外，同时还应当更多地强调高校智慧信息化系统的服务性职能的建设。其具体可以从以下三个方面实现：第一，利用科技信息化手段加快高校科研研发进程，将科学研究成果运用到社会服务上，更多地运用科研成果推动社会经济的发展；第二，凭借大数据时代下的信息手段，以高校为主体面向全社会更多地开办免费的公开课程，包括学科类型的讲座以及科学、人文素质相关课程的发布，让全社会能够通过网络公开课的新形式享有学习知识的权利，推进智慧型社会的全面建设；第三，要求高校利用长期以来所积累下来的科学研究成果，以及一些有价值的文献资料，为国家政策的制

定提出宝贵的意见，将智慧型高校真正打造成一个为全社会服务的智囊团，从而促进政府部门做出更加科学、民主、符合时代发展要求的决策，为全社会的进步以及国家的持续健康发展贡献一分力量。

（三）促进文化创新性传承

智慧校园的建设，除了强调对于信息技术的应用以外，还应加快响应时代发展的新要求，也包括对于我国优秀民族文化的传承与创新。这始终是广大高校在开展教育活动时所需要重点关注的一个问题，也是各高校在开展智慧校园信息化建设过程中所需要重点关注的一个发展性问题。一方面，高校可以建立起智慧校园网络系统，加强对于学生政治思想文化的教育，营造健康向上的校园文化；另一方面，高校可以通过网络向外界弘扬健康的思想文化，发扬中华优秀传统文化，树立民族自信，展现新时代下的校园精神。

四、智慧校园中信息技术的应用

（一）知识管理

高校最基本的职责依然是教育，故如何有效实现知识性内容的贯彻教育始终是高校需要重点思考的问题。智慧校园在建设过程中强调对于知识的管理，主要体现在对于已有的知识性内容的有效分类整合以及管理等操作上。将智慧校园系统内所包含的文献以及可查询的资料定期进行整理，可适当设置管理员对这一工作负责，将新创造的文化内容增添到数据库中，并及时更新数据库。

（二）社交平台

社交网络的信息数据流通是现代人信息交流的重要部分，这也和大数据下更为庞大的信息数据网络有着密切的联系。随着时代的快速发展，更多的人开始选择通过社交网络平台来实现信息交换，而不是像传统的面对面的交流。故从社交网络这一领域所带来的巨大流量和隐藏的财富，以及参与人数的总量之大来看，抓住社交网络这一大平台，作为大数据背景下智慧校园建设的关键组成部分，是极为有必要的。并且，社交网络平台的打造，为校园内师生之间、学生之间、高校与师生之间的交流都提供了一个更大的平台，更加便捷了信息交流以及知识内容的互换，从而为智慧校园打造了一个知识性内容交流更为融洽的大环境。

本节结合大数据时代发展的新特征，以及时代发展对于信息化建设提出的新挑战，智慧校园信息化建设的主要特征，在大数据背景下高校智慧校园建设的方向，展开深入的探讨和分析，提出有助于智慧校园信息化建设的意见，从而促进高校建设的稳定发展，希望能为智慧校园信息化建设提供有效帮助。

第三节　大数据时代的智慧校园构建原则和策略

进入信息化的大数据时代，智能化不断普及人们生活中的方方面面，在这样的时代背景之下，智慧校园构建显得尤为重要。本节以大数据时代为背景，对于当前的智慧校园构建原则和策略进行了探究。

所谓大数据，指的是无法在限定的范围内用常用的计算软件工具进行抓取、管理和分析的数据集合，必须要借助与传统处理模式不一样的新的处理模式才能挖掘分析并为决策提供科学支持的信息资产。大数据的特征鲜明，不仅数据的数量非常庞大，种类也非常丰富，同时数据的传播速度相比较传统方式显得更快速。正如前阿里巴巴集团副总裁徐子沛所说的，大数据的大，不仅是容量非常庞大，更重要的是交换、整合和分析大量数据，以发现新的知识和创造新的价值，带来"大智慧""大发展"。

智慧校园是在数字校园基础之上的进阶形态，其在数字校园的基础之上利用云计算、大数据和物联网等新兴科技信息技术，并通过各种智能应用终端和应用软件的普及使用，将校园里的各种数据整合到一起，从而形成便于教师和学生处理各类事务的校园环境。智慧校园构建的目的是更好地服务教师、服务学生，依托信息系统变革校园生活中各个个体之间的交互方式，最大化地发展系统的"智慧"，提高高校教学管理的效率，以及师生的满意度。智慧校园最主要的特征在于它的"智慧性"，充分利用大数据，将分散的各个部门的资源数据整合到一起，实现校园各部门业务系统之间的数据同步和资源共享。智慧校园提高了人与人之间、人与校园资源之间交互的时效性，提高了教学管理、行政办公的效率。当前智慧校园的普及程度越来越高，各个高校对于智慧校园建设的重视程度也在不断提高。伴随着信息时代的浪潮，我国智慧校园建设的成果已经开始显现，智慧校园的应用系统也已初具规模，并且形成了庞大的数据库，智慧校园建设相应的硬件设施也在逐步完善中。

一、大数据时代的智慧校园构建原则

（一）以人为本的核心原则

建设智慧校园的最终目标是为高校的师生服务。因此，在建设智慧校园时，必须坚持以人为本的建设原则，以满足师生的需求为根本目标，依托校园网、物联网、大数据和云计算等现代信息技术使校园生活更加"智能化"。总之，在大数据的时代背景之下，我们要构建的智慧校园体系，应该秉承以人为本的服务性理念，以有效地解决师生在校园内的各类需求为宗旨。在构建智慧校园时只有始终坚持以人为本的原则，合理规划，才能不断推进智慧校园的建设。

（二）依托大数据的共享性原则

大数据的主要特征之一就是数据的共享性，在此基础之上智慧校园体系构建时也应该有共享意识。大数据时代不仅是信息的概念，也是观念的概念。如果继续保有传统的各自独立的观念，那么人们很难真正进入大数据信息时代。目前智慧校园的建设与共享的概念密不可分，在这样一个共享的时代，智慧校园共享的数据种类越多，形成的有效数据才能越全面，智慧校园才能实现其价值最大化。

（三）管理一体化的整合性原则

智慧校园建设的目标是为整个校园的教师、学生和管理人员提供信息服务平台。为了便于管理以及更好地服务师生，我们在构建智慧校园时要注意整合所有的有效资源，形成完整的教学管理一体化的平台。智慧校园的建设过程是一个漫长的探索和实践过程，是教育管理与信息技术高度融合的过程。这是一个涉及教学、研究、管理和生活的庞大系统工程，涉及的业务范围广、职责分工细、业务单位多，这也对构建一体化的智慧校园提出了要求。我们在顶层设计时应考虑到整合性的原则，充分地利用并整合现有资源，避免不必要的再次开发，完善智慧校园信息平台上的信息整合，努力营造智能、便捷的智慧校园环境。

（四）智能化的便捷性原则

智慧校园是由很多不同功能的智能空间所组成的，如智能图书馆、智能教室等。智慧校园的构建是以更好的管理以及更好的服务为宗旨的，其中便捷性应当是智能化的设计重点。便捷性设计是指在智慧校园建设过程中如何发挥智能、如何体现智能都必须在顶层设计中体现出来。智慧校园体系构建应当重视高校最根本的教与学的融合，在教学过程中融入新一代的信息技术，努力实现"每个人都学习，都可以随处学习、不时学习"的理想状态。在智慧校园构建时应强调应用系统与网络应用并重，同时充分考虑到用户的便捷性感受，选择具有成熟、智能、实用特征的产品，充分满足广大师生的日常使用、教学管理、科学决策以及信息自动化等方面的需要。

（五）合理化的科学性原则

信息技术的发展日新月异，智慧校园的构建包含了系统规划，协调技术、环境、资源和人员之间的关系，构建建设模型等多个方面，从多元视角反复展示了智慧校园建设项目的合理性、科学性、服务价值和目标实现。智慧校园系统是基于计算机网络信息服务、智能传感环境和大数据信息的交互式应用平台，它还提供了高校与外界之间的相互沟通和相互感知的界面。因此，智慧校园的建设必须遵循合理化的科学性原则，这也是最大限度提高教学效率的保证。

（六）注重感知体验的服务性原则

物联感知是智慧校园体系构建中的关键所在，没有感知就无从产生智慧。在智慧校园构建的过程中，只有充分注重用户感知体验的应用才能实现效率最大化。智慧校园构建中的感知包括环境感知、身份感知、位置感知、行为感知、情感感知等，其中身份感知最注重用户的体验性，在做顶层设计时应充分体现以人为本、为人服务的原则。在智慧校园体系中只有感知到身份，后台的大数据才能有针对性地推送个性化的内容，才有可能产生智慧，提供智慧的信息推送和贴心服务。

（七）重视信息保护的安全性原则

伟大的思想家马克思曾经说过："技术的胜利，似乎是以道德的败坏为代价换来的。随着人类更加控制自然，个人却似乎更成为别人的奴隶或自身的卑劣行为的奴隶。甚至科学的纯洁光辉仿佛也只能在愚昧无知的黑暗背景上闪耀。"这也生动地说明了新科技理论带来的"双刃剑"效应。大数据信息时代在为人们的生活带来便利的同时，也伴随着信息安全风险。有研究表明，大数据发展到现在，关键的问题就是信息安全问题，尤其是个人隐私信息的保护问题。在这样的一个背景之下，如何保护好智慧校园中的个人隐私信息，是在智慧校园构建过程中需要解决的关键问题。因此，要想使智慧校园更加"智慧"，在设计构建之初应充分考虑到安全性的原则，加强数据安全管理体系建设，确保智慧校园信息安全，促进高校健康发展。

二、大数据时代的智慧校园构建策略

（一）立足高校实际，明确构建方向

智慧校园建设的目的是更好地服务广大师生，在智慧校园的构建之初应充分调查本校的实际情况和了解本校校园管理教学的需求，密切结合本校的实际情况来设计。不同的高校有不同的教学管理制度，智慧校园的建设要充分结合本校的教学管理制度来设计，立足本校的实际情况来明确构建方向。智慧校园的建设是否成功，不在于建设的规模大小和投入的资金多少，而是体现在是否能够立足于本校的实际情况，发挥智慧校园的"智慧"性。

（二）优化智慧校园顶层设计结构

智慧校园的构建涉及的范围广泛，在顶层设计时应充分调查用户的需求，做到科学合理地设计。"以人为本"是智慧校园内涵的核心精髓，只有充分理解了智慧校园的内涵本质，才能使顶层设计结构更加合理高效，充分发挥出智慧校园体系的优势。在制定智慧校园的顶层设计结构时，应多进行实地考察，也要充分考虑到资源整合、共建共享、统筹规划等原则，避免不必要的重复建设。

（三）制定完善的智慧校园统一标准

智慧校园的构建涉及的部门众多，所以在构建时应当有相应的建设标准以便能够更好地整合有效的数据资源。各个高校的教学管理部门众多，为了提高工作效率，应在高校层面上建立统一的标准。一方面，有了统一的标准，可以使智慧校园的管理和系统更加规范，更好地实现高校各部门之间的数据交换与共享，提高工作效率。另一方面，将高校各个部门和系统的数据接口以及认证标准进行统一，让广大师生只用一个账号就能登录所有的系统，既优化了师生的体验感，也提高了工作效率。

（四）加强对智慧校园建设的运行监管

智慧校园的建设为高校师生提供了一种便捷性的校园环境，但是一个好的智慧校园环境除了需要日常的维护和建设以外，也需要制定相应的运行监管机制。在建设智慧校园的过程中，高校的管理层自上而下对智慧校园系统进行有效的监管非常有必要，尤其是高校高级管理层的参与可以有效地做好校内各个部门之间的协调和沟通，可以对现有的智慧校园体系进行监管，以便各部门能更好地在智慧校园的环境下开展工作。

智慧校园的建设是一个漫长的探索和实践过程，其涉及教学、研究、管理和生活的各个方面，涉及各职能部门的业务范围、职责分工以及业务部门的功能调整，也涉及业务流程的整合与再造，是一个庞大的系统工程。在大数据时代背景之下，智慧校园的建成并不是一蹴而就的，我们必须把重点放在以人为本、以教学为导向、以用户为中心的顶层设计上，并将更多的"智慧"融入智慧校园系统的构建中，只有这样，才能持续推动智慧校园的建设和发展。

第四节　智慧校园的大数据安全研究

随着智慧校园建设的蓬勃发展，其系统数据量呈几何级数爆发式增长，海量数据的采集、传输、存储、挖掘、审计、应用和发布等环节面临巨大的安全挑战。通过分析研究智慧校园中大数据存储、应用、管理方面的安全策略，建立起智慧校园大数据安全体系，在法律框架内科学合理地使用大数据，解决大数据开放与信息安全防护的矛盾，就要使大数据安全技术成为智慧校园正常运行的根本保障。

目前全球教育正不断走向国际化、开放化、智慧化，实现教育智慧化、国际化需以建设智慧校园为先导。智慧校园是将智慧教育与信息化融合的一项庞大复杂的系统工程，大数据技术为智慧校园的发展提供了极佳的技术支撑。与此同时，大数据的发展又需不断加大信息的开放程度，这便使今后的 IT 基础架构变得越来越一体化和外向型。这种趋势对海量数据的采集、传输、存储、应用、发布等的安全方面构成了前所未有的威胁，一旦智慧校园的大数据系统安全防护不当，使敏感数据被恶意窃取，造成信息泄露，重则危及国家安全、影响社会稳定，轻则会造成高校管理混乱，管理层决策失误，直接影响到高校未来的发展。同时大数据系统安全防护不到位还可能造成高校的教学或科研信息被恶意篡改，直接导致教学和科研无法正常进行。本节从构建智慧校园大数据安全防护架构出发，通过分析智慧校园大数据安全所面临的挑战，提出相应的安全策略。

一、智慧校园大数据安全面临的挑战

（一）在数据采集存储方面

智慧校园的数据来源多、增长速度快、数据量大，通常指数据量大于 10 字节。这就需要智慧校园采集的数据进行安全分析评估，既要保证数据来源的真实可靠又要防止信息泄漏，确保信息安全。大数据存储采用多节点、分布式存储的方法，当单一节点发生故障时，数据查询将会转向其他节点的可用数据，这就为非法入侵提供了便利，增加了智慧校园大数据被窃取或病毒感染的风险。

（二）在数据传输方面

智慧校园中多种类的海量数据，需使用云存储技术在云中进行存储，而将数据传输到云中存储，云的安全存储技术是智慧校园安全系统所无法控制的。这将导致校园安全系统对安全边界以外的数据失去控制，从而增加了数据保护的难度。因此如何保护校园敏感信息在数据传输过程中的安全性是一个亟待解决的问题。

（三）在数据审计方面

智慧校园的数据量庞大，数据结构复杂，且数据类型多样，审计人员难以确定审计重点，不能在短时间内全面掌握和了解数据的内涵关系，大大增加了审计难度。

二、智慧校园大数据应用安全策略

（一）加强和完善大数据安全管理

从国家层面加强基础设施安全、个人隐私保护、数据安全流动等方面的法律法规建设，在法律框架内科学合理地使用大数据，协调并处理好大数据开放与信息安全防护的矛盾。基层单位要建立健全合理的规章制度，从制度上保障大数据的应用安全。

（二）严格规范大数据的建设标准和运行机制

大数据搭建是一项有序、动态、持续发展的系统工程，规范的建设标准和运行机制能够确保大数据在统一的安全规范下可靠运行。

（三）建立一个以异质数据为中心的安全管理系统平台

通过统一管理的系统平台，保证大数据的安全访问。在保证使用效率的前提下，实现数据的隔离性、保密性、完整性、可用性、可控性和可追溯性，实现智慧管理与应用。

（四）实施严格的安全控制等级

可根据大数据的保密程度和用户需求的不同，将大数据和用户设定为不同等级，原则上根据数据信息安全要求划分为高、中、低等级。例如，涉密科研攻关项目和高等级考试的试题等为最高安全等级；高校的试题库和科研信息等为较高安全等级；教师和学生信息为中安全等级；部门名称和设备名称为低安全等级。按照不同等级的信息安全要求，对数据流主客体、数据访问权限、用户的登录、访问行数、违规行为等进行严格的控制，贯彻国家对信息进行的分级管理保护制度。

（五）采用大数据安全访问控制策略

在安全等级保护基础上采用基于风险标签的大数据安全访问控制策略。该安全策略集成了主动捆绑、基于角色的访问控制和基于属性的访问控制，可根据自身数据的安全需求和具体实际应用环境给数据设置相应的安全标签，从而实现不同数据对不同用户的安全映射访问。安全标签包括数据类型、安全等级、副本数、访问策略、风险标签、数据生命周期等。

（六）全面提升安全防护能力

网络攻击总会留下痕迹，利用大数据技术对海量数据进行分析，能够发现网络的异常行为，并快速准确地找到攻击的源头，有针对性地应对安全威胁。

三、智慧校园大数据安全防护平台建设

基于对大数据的存储、应用、管理等安全策略的综合分析，建立以三大模块为主体的智慧校园大数据安全防护平台。①数据采集及敏感信息保护模块：负责数据的集中采集、敏感信息的加密与转换及分等级共享，同时对采集数据的过程进行标准化，分类统一管理。②数据分析加工挖掘模块：负责对大数据进行分析加工，提取挖掘更加有深度和广度的计算结果。③数据安全应用审计和维护升级模块：负责保证信息安全和安全平台正常稳定地高效运行。

（一）数据采集安全技术

可利用分布式技术采集大数据，在采集过程中，可能存在数据损坏、数据丢失、数据泄露、数据窃取等隐患和威胁，应采取身份认证、数据加密、数据完整性保护等安全机制来保证采集过程的安全性。

（二）大数据存储安全技术

1. 大数据的加密

大数据的存储主要是通过云存储技术来存储各类数据资源的。在云环境下，

大数据的加密必须采用同态加密算法，因为大数据被云文件系统切分成 64MB 的小数据块后，原先用传统方式加密的数据将无法使用解密密钥进行解密。而同态加密算法可逆，可同时达到加密和解密的目的。使用同态加密技术加密的数据在检索、比较、存取和分析等操作过程中仍能得出正确结果，而在整个运算过程中无需对加密数据进行解密，从而从根本上解决了大数据存储及其运算操作的安全性问题。

2. 数据备份、恢复和并发控制

为了防止系统故障或被攻击而导致重要数据的丢失或损坏，可通过数据的容灾备份、恢复机制、并发控制机制确保恢复数据与原始数据的一致性，并利用事务日志，保证修改的完整性和可恢复性，实现对数据存储的安全防护。

（三）数据传输安全技术

1. 数据机密性检测

数据机密性检测的目标是检测物联网中传感网络通信时传输的数据是否加密。因无线传感网的网络节点暴露在外部环境中，无线接收装置能够很容易地在接收范围内接收节点发送的数据信号。如果节点间通信是非加密的，势必将造成通信数据的泄露，所以必须检测通信数据的机密性，用专业的捕获设备对传感网中传输的数据进行捕捉，然后根据协议对其每帧进行解析，判断该通信是否为密文形式，若非密文，则要对非加密数据进行回溯，对未加密数据进行加密，确保重要数据无线传输为密文形式。

2. 数据的完整性与一致性检测

数据在传输过程中缺损或被非法篡改，后果不堪设想。数据的完整性与一致性检测可以通过解析捕获到数据包，对每帧进行解析，找到保障数据完整性的字段，准确辨识出缺损或被篡改的数据，并将其丢弃，要求重传原始数据，保证接收者收到的数据是原始数据。

3. 数据网络过滤

使用网络过滤器对传输的数据进行监控，一旦发现被标识数据离开了授权用户网络，就自动阻止数据的传输，有效避免数据的泄漏。

（四）数据失真技术

该技术要对数据进行扰动，让数据失真，使攻击者无法根据失真数据还原出原始的真实数据，实现对真实数据的隐藏。

（五）数据挖掘安全技术

数据挖掘是大数据应用的核心，它融合了数据库、人工智能、机器学习、统计学、高性能计算、模式识别、神经网络、数据可视化、信息检索和空间数据分析等多个领域的理论和技术。通过数据分析与挖掘，从大数据中挖掘出各类黑客攻击、违规操作、内外部威胁源等安全事件，及时发出安全警报和做出动态响应。如利用深度学习算法对大数据进行多维度分析，可发现攻击者各类潜在的低层局部特征、区域组合特征和高层整体特征。

（六）数据发布安全技术

1. 安全审计

安全审计是完整地对事件进行记录、管理、归类、存储，事后对所收集的安全事件进行分析、查询、统计，以及挖掘数据背后的潜在知识模型，用于后续的入侵检测（发现潜在的攻击行为等）。其核心作用是对攻击行为的准确记录，对安全事件进行追溯，查清事故责任的归属。

2. 数据溯源

经过严密的安全审计，还可能出现疏漏。在数据发布后，一旦发现涉密和隐私信息泄漏之类的数据安全问题，安全防护系统中必须有数据溯源机制，迅速回溯到出现问题的环节，准确定位，迅速对泄漏环节进行封堵，追查责任者，杜绝类似问题再次发生。如可利用数字水印技术进行数据溯源等。

（七）防范高级持续威胁攻击

防范高级持续威胁（APT）攻击具有极强的隐蔽性、长期的潜伏性、攻击的持续性、攻击路径的不确定性、攻击技术的先进性以及对信息安全巨大的危害性等特性。窃取目标组织的机密信息是 APT 攻击的明确目的，APT 攻击普遍采用 0DAY 漏洞获取权限，其效率和能力明显高于普通的攻击，且攻击方法和技术不断进化。在大数据应用环境下，APT 攻击的安全威胁更加突出，可借助大数据技术实时高效的处理能力，来设计实时检测、全面监控采集行为的安全审计方案，通过对入侵检测系统日志文件进行大数据分析，及时采用应对措施，可有效抵御 APT 攻击。

四、融合大数据安全的智慧校园大数据平台

大数据安全平台中的安全管理系统，可通过采集大数据应用平台上的配置

信息，得出相应的安全基线，建立安全基线自学习机制，对大数据平台进行自动监测，并将监测结果与基线进行比对，有效检测大数据应用平台配置信息的变更，迅速发现系统操作的异常行为，及时还原原有的安全配置，确保智慧校园大数据应用平台的安全性。

智慧校园使教育走向智慧化的同时，其大数据安全面临前所未有的挑战，智慧校园安全防护体系建设非常重要。本节通过系统分析智慧校园大数据采集、传输、存储及审计等方面存在的安全问题，提出了相应的安全策略，构建了完备的大数据安全防护体系，以期保障智慧校园的正常运行。

第五节　基于大数据的智慧校园平台设计与应用

当前我国社会经济快速发展，在我国的高校校园中便携笔记本、平板电脑、手机等各种终端移动设备为学生所广泛运用。对于高校学生来说，手机和其他的移动设备是学习过程中必不可少的工具。因此在信息化高速发展的今天，在大数据背景下开设智慧校园平台的建设变成了检验高校办学水平的相应指标。本节主要研究了基于大数据的智慧校园平台设计与应用，首先分析了基于大数据的智慧校园平台设计思路和目标，然后再对基于大数据的智慧校园平台的规划设计和具体应用进行阐述，来为我国的智慧校园平台设计与应用提供一些参考意见。

我国教育部门的信息发展规划中指出，需要基于大数据技术建设物联网智慧校园的平台，在智慧校园平台建设过程中需要坚持以大数据为基础，以业务与模式拓展为起点，以学生在校需求为驱动力，赋予校园信息准确化、持续化、精准化的特征，这样就可以更好地通过智慧校园平台来服务教学、服务教师、服务学生等，通过智慧校园平台的标准化建设更好地促进我国高校校园体制与文化的发展。

一、基于大数据的智慧校园平台设计思路和目标

（一）智慧校园平台设计思路

在大数据技术的背景下，智慧校园平台在建设过程中就要对传统的校园模式进行创新和完善，主要有以下四个设计思路。

第一，在智慧校园平台设计过程中，设计者需要坚持以"构建全面校园网

络平台"为建设目标，在校园中通过营造有线、无线主干网络对校园内部的业务系统流程进行模拟。在对智慧校园平台进行设计时，需要以服务师生的角度重新构建智慧校园平台中的业务系统流程，加强对校园内部静态数据的采集，借此提升智慧校园平台的服务响应速度，使师生在智慧校园平台的应用过程中获得满足感。

第二，在智慧校园平台设计过程中，设计者需要坚持以"移动端业务系统"建设为核心，赋予智慧校园平台细微化服务、便捷性服务等一系列应用特点，这样就可以让智慧校园平台在应用过程中全面提升校园服务的品质，从而保障校园中的各项"碎片化"服务质量。

第三，在智慧校园平台设计过程中，设计者需要坚持"一个数据中心"的思路，在进行智慧校园平台建设时通过一个固定化的数据中心，对校园内部的数据进行采集、交换、储存、分析和清理，同时在数据处理过程中还需要采集校园内部的伴随式动态数据，并将智慧校园平台中不同业务系统的静态数据与动态数据进行混合，从而实现综合化的数据清理工作，提高智慧校园平台应用过程中的数据安全性。

第四，在智慧校园平台设计过程中，设计者需要坚持以"一个核心"的思路建设智慧校园内部大数据分析和决策辅助系统。通过智慧校园平台中的核心系统可以实现对相应数据进行定时的推送、展示和利用，来全面提高智慧校园运行过程中的精细化、层次化程度。

（二）智慧校园平台设计目标

在智慧校园平台设计过程中，设计者需要紧紧地围绕着智慧校园平台建设过程中的实用性、可靠性和经济性的特征进行建设。设计者需要制定出智慧校园平台的信息标准和数据接入使用过程中的规范性要求；需要提高智慧校园平台建设过程中的服务质量和数据分析能力；需要对智慧校园平台管理、建设、使用过程中的运行机制进一步加强，提高智慧校园内部管理人员的综合素质，为智慧校园平台的应用建立出一支高素质的技术保障队伍；需要以校园目前的发展水平为依据，在校园内形成一种全新的关系形态、数据形态和决策形态；需要紧紧围绕着智慧校园管理、智慧校园教学、智慧校园服务、智慧校园生态、智慧校园硬件保障这五个方面进行。通过智慧校园平台的建设，我们可以进一步加快数字化校园的进程，同时在智慧校园平台中融入云计算技术、互联网技术、人工智能技术、虚拟技术等相应的信息化技术，还可以在校园内创造高效的物理环境。

二、基于大数据的智慧校园平台的规划设计

在智慧校园平台建设的过程中，建设团队需要对高校中的各个部门的要求以及高校内部的相应业务流程特点进行细致化地划分，同时还需要有计划、有步骤、有策略地分别建设智慧校园的相应体系结构。在智慧校园建设的第一阶段，我们需要为智慧校园平台搭建出软硬件框架环境，借此进一步推动智慧校园管理应用水平。同时还需要强化校园内部师生的信息化意识，提高自身在应用过程中的技术水平，这样就可以帮助智慧校园在师生群体中进行推广。智慧校园内部还需要搭建基础信息化环境，将现有的软件应用系统进行整合，扩大智慧校园的管理信息覆盖范围，在建设中需要做到校园内部用户整合、校园内部资源整合、校园网络数据整合、校园使用权限整合等，通过建设覆盖范围广、精度高、服务能力强的智慧校园业务系统，就可以更好地为校园中的教师群体、学生群体、科研部门等多个群体进行服务。在服务的过程中，智慧校园平台还可以自动积累应用数据，来逐步实现对所有业务系统的自动化综合查询，定期生成校园运行过程中的报表分析数据，方便管理者对校园进行管理。

三、基于大数据的智慧校园平台的具体应用

（一）通过智慧校园平台进行智慧管理

通过智慧校园平台可以将校园业务系统中的静态数据和物联网中的实时数据进行积累，这样便可以对现有的数据进行特征结构分析，然后对数据进行综合利用就可以得到第一手的信息。例如，通过智慧校园平台可以对"一卡通"中的消费金额进行计算，然后便可以统计出校园食堂中最受学生欢迎的食品、学生在校园中每日的消费金额、门店的规模位置等相关信息，这样高校便可以更好地向食堂中的承包商收取合理的租金，还可以面向市场招募一些适合学生口味的厨师进入校园食堂工作。

（二）通过智慧校园平台进行智慧教学

通过智慧校园平台可以进行智慧教学服务。智慧校园平台可以在班级中通过物联网技术构建出信息化的教学环境，通过智慧教学服务便可以帮助教师实现教学过程中的数字化和信息化功能。教师可以通过监控系统或是人脸识别系统对本班的学生进行人员审查，同时也可以方便地向领导获取上课过程中的听课率、到课率等相应的教学信息。高校便可以根据听课率、到课率等信息对教师进行合理的评价。

（三）通过智慧校园平台供给智慧服务

通过智慧校园平台可以进行智慧服务。例如，高校可以向师生发放"一卡通"，师生借助"一卡通"中的公共服务平台便可以满足自身的日常工作、生活、医疗卫生、文艺活动等各项基本生活需求。同时通过"一卡通"技术中的无感知数据自动采集系统，还可以实现持卡人的实时定位，帮助高校更好地了解到校内学生每天的旷课记录、消费习惯、图书借阅等相应的信息。通过对这些信息进行整合和分析就可以帮助教学管理人员对班级学生采用有针对性的管理措施，提高学生的个人综合素质水平。通过智慧校园平台中的业务数据推送系统，通过对学生相应的数据进行整理、分析和判断，就可以主动生成相应的咨询服务功能让学生进行推送。同时通过智慧校园平台还可以为校园图书馆赋予智能化技术，通过在校园图书馆中实行科学化的管理，便可以更好地帮助学生提高在图书查阅过程中的便捷性。

在校园中通过基于大数据背景下的智慧校园平台的建设应用，可以帮助校园从传统的数字化向智慧化过渡，这期间可以实现校园内部教学资源的动态分配、校园信息数据的集中共享、校园教学效率的提升等一系列功能，提高校园内部的决策管理水平。

第六节　大数据时代高校智慧校园数据平台

现代信息化发展越来越快，高校应抓住机会，与信息化发展进行密切融合。师生的生活也受到了信息化的影响，并从中得到了许多益处，这就加快了高校智慧校园的建设。智慧校园不同于以往的数字化校园，它采用了更多先进的技术，对高校的管理和建设都起到了很大的帮助作用。本节对高校智慧校园建设中的数据平台设计进行分析，旨在通过对数据平台设计的分析，设计出各方面都完善的智慧校园数据平台，更加迎合社会发展的需要。

在这个信息时代，科技的力量越来越在生活中凸显出来，并深入各行各业的发展过程中，成为一个重要方面。高校也抓住了信息化的发展机会，努力建设智慧校园。数据平台设计必须要有先进性和实践性，在高校涉及的人员众多，包括学生与教师等，平台还存在着一些缺点和不足，对学生和教师的能力要求都很高，还有部分人员不符合要求。所以，我们希望对智慧校园的数据平台设计进行分析，使其真正发挥作用。

一、高校智慧校园建设中数据平台的设计特性

（一）智慧校园数据平台设计必须具有前瞻性

高校智慧校园是社会发展的产物，同时也是教育和信息科技相结合的产物，它结合了许多技术，在高校教育中具有先进性。一个良好的数据平台可以更好地满足智慧校园的使用需求。同时这个时代在不断发展变化，一个数据平台如果只能使用几年，之后就不能适应社会发展的需要，这就比较浪费资金和人力。所以智慧校园数据平台设计要具有前瞻性，才能更好地为高校服务，也可以为高校未来的发展指明方向。

（二）智慧校园数据平台设计必须具有可操作性

智慧校园数据平台是面向广大师生和在校职工的，为高校的正常工作运转做出了贡献。但是在高校中，员工人数比较多，不仅有学生，一些教师的居住、饮食、学习等都是在校内进行的。所以在对数据平台进行设计时要考虑到学习和生活两个方面。在基础设施方面，在食堂、图书馆、教室等区域都采取信息验证方式，这样可以方便对这些地方的管理，不需要太复杂的身份验证，只需要指纹或者工作卡就可以了，也可以设计软件，使教师和学生直接在上面操作就可以完成一些活动。

（三）智慧校园数据平台设计必须具有时代性

高校为国家和社会提供人才，所以对高校智慧校园数据平台设计就有很高的要求，将先进的教学理念和现代的信息技术相结合，这样可以培养更多的人才，为国家的未来做出贡献。同时智慧校园是时代的产物，所以在数据平台设计时也包含了时代的特点。

二、高校智慧校园建设中对数据平台的设计研究

（一）重视高校智慧校园数据平台的安全性

1. 数据平台安全性的重要性

高校的智慧校园数据平台上有着大量重要的信息，甚至一些机密的信息，但是现在互联网的广泛应用，导致了一些黑客和一些病毒，破坏着网络信息安全，会窃取一些信息和成果，造成极大的损失，同时也不利于社会的和谐发展。所以在进行智慧校园数据平台设计时，平台的安全性是至关重要的。

2. 加强对高校智慧校园数据平台的安全管理

高校所处的位置一般在市区，是人比较多的地方，与生活区距离较近，周围的环境比较复杂。所以高校就要设置一些门禁时间，加大对监控和保卫方面的投资力度，对数据平台的设计也要加强监督，以确保数据不会丢失或被盗窃。

（二）加强对高校智慧校园数据平台的新技术设计

一是设立标准化的数据管理。在我国，高校智慧校园越来越流行，也出现了许许多多的数据平台，在建立、设计数据平台时也要按照一定的标准，根据国家的要求在法律范围内进行设计。国家也应该采取标准化的数据管理措施，如把各个教师的信息、学生的信息、教室的信息、课表的信息进行合理管理，同时对每所高校根据不同的情况做出不同的改变，以更好地使智慧校园服务于高校。

二是身份认证技术。身份认证在现在也是很流行的一种监管方式，在这方面的技术也在不断地提升，人脸、指纹都是可以进行身份验证的。高校智慧校园在建设时也应该顺应时代的发展，与高科技建立联系，让这些新的技术可以更好地为校园管理服务。这样也可以保证高校的安全性，提高高校的安全指数，使智慧校园数据平台可以正常发挥作用，更好地为人们服务。

三是统一门户入口。由于高校智慧校园所面向的群体广泛，使用的范围也很广泛，所以形成一个统一的门户入口也是很重要的，它可以形成一个高校的管理系统，可以实现各个层次的授权管理，对一些金融信息、校园信息、教师和学生信息进行保护，形成一个屏障。以一种合理的方式将这些联系起来，方便了信息的管理，可以提高资源的利用效率，提高管理的效率。

（三）重视高校智慧校园数据平台的财务相关设计

财务在高校管理中也是一个重要的部分，有了足够丰富的资金，高校才能进行不同尝试和发展，才能有助于高校管理教学水平的提高，所以在数据平台设计中财务设计也成为一个比较重要的部分。在高校内，学生和教师的饮食起居、水电生活费、教职员工的工资、购买一些教学设备、聘请专家、学生的学费、国家的补助拨款等，这些都需要财务相关设计，它可以确保资金的正确流动，对资金进行管理，防止贪污等不良的行为发生。

（四）重视高校智慧校园数据平台的可操作性设计

高校智慧校园旨在为高校教师和学生提供便利的管理，所以提高数据平台的可操作性也成为设计中的一个重要方面。简便的操作可以提高管理的效率并提高智慧校园的应用性。手机的普遍使用，校园内的网络覆盖，这些都为智慧校园的可操作性提供了桥梁，方便了人们查询信息，缴纳费用，给教师和学生提供了便利，提供了个性化的服务，可以激发教师的教学热情，也可以提高学生的学习兴趣。

三、高校智慧校园数据平台的设计思想

（一）以服务师生为核心诉求

智慧校园应该充满人性化，毕竟它是为了服务教师和学生的，需要高效简化地去解决一些问题。对教师来说，可以移动办公，对学生来说，可以移动学习，学习和办公不再局限于教室和高校中。同时，一些简单的模式，可以快速地让教师和学生接受，这样间接地提高了教师和学生的办公和学习的效率，让教师和学生也了解到智慧校园的好处，提高智慧校园在高校中的影响力。

（二）全面掌握校园情况

智慧校园是面向全校的，这就需要对高校的信息情况进行掌握，通过一些传感器和监控设备，对于高校里的教师、学生、设备、建筑都进行监管，建立一个数据库，当真正出现问题时，可以进行及时解决。

（三）兼容原有信息系统

智慧校园在统计收集信息的同时，也会保留原有的信息，不能将其代替或删除，这样可以方便未来的人们对高校建设的查询。这就需要智慧校园在进行数据平台设计的时候，考虑到这一点，构成一个框架，增大内存。

高校智慧校园建设中的数据平台设计需要考虑到许多的问题，这样也可以为教师和学生提供良好的环境。在数据平台设计过程中要遵循设计理念，扬长避短，同时对已存在的一些问题及时进行改正，结合一些先进的技术观念，将高校智慧校园进行推广，让人们真正了解到科技的力量，为我国的教育事业做出贡献。

第五章 基于大数据背景的智慧校园建设

第一节 以大数据分析助推智慧校园建设

随着信息技术的发展，教育信息化建设也受到了社会的高度重视。为了推动教育信息化发展，高校要利用大数据技术建设智慧校园，通过数据挖掘、物联网、云计算等技术构建大数据交换平台，对结构化以及非结构化数据进行分层、分类整合，完成安全防护、数据中心、统一认证体系的建设，促进高校基础设施、管理工作、教学工作和学生工作的有机结合。本节就如何基于大数据技术的应用建设智慧校园展开论述。

在教育建设过程中，信息化校园建设备受关注。近些年，随着物联网技术、云计算技术等现代化信息技术的完善，智慧校园建设工作被各高校提上日程，成为重点开展的工作。这是一项创新之举，也是时代发展的必然趋势。高校管理人员以及相关部门应深入研究大数据技术特点，利用大数据优势构建集服务、生活、管理、科研、教学、学习等活动为一体的智慧校园，推动教育事业可持续发展。本节先就智慧校园的概念进行简单阐述，再就这一现代化校园的具体构建策略展开论述。

智慧校园是一种新概念，建立在现代信息技术之上，包括大数据技术、云计算、物联网等计算机技术。具体来说，智慧校园是一种现代化的校园，是一种以大数据、云计算为核心，以物联网为基础而打造的集校园生活服务、学习科研、教育教学、工作管理等为一体的综合型校园环境，能够智能识别学生和教师个体的工作情景、学习情景，将数字空间与物理空间充分衔接起来，在这个基础上给学生和教师提供舒适便利的生活环境和开放智能的教学环境的现代化校园。

一、利用大数据技术进行智慧型校园管理

校园管理是智慧校园建设工作中的重点，直接关系到校园建设的成效。在大数据时代下，高校应当利用大数据技术实时监测其体育馆、图书馆、食堂、教学楼、宿舍楼等场所的服务质量并收集数据，及时发现服务中的不足并加以改善，从而提供更优质的服务。同时，高校还可以充分利用数字化终端服务，结合其实际管理现状开设"快递查询""勤工俭学""学生社团""校园生活圈"等一系列数字化社区，及时跟上时代脚步，为教师和学生提供数字化便利。举个简单的例子，高校可以通过大数据技术对图书馆运营情况进行分析，通过数据的直观呈现及时发现学生的阅读兴趣，根据学生的借阅记录进行图书采购计划调整，对于借阅量较大的图书适当地增加购买量，而对受众较小的图书则适当地减少购买量，这样既能降低成本，又能最大限度地满足学生的借阅需求。

二、利用大数据技术进行智慧型教学管理

传统的课堂教学通常是学生听、教师讲，师生之间互动性不足。即使教师有意识地请学生回答问题，也只能兼顾一小部分学生，大多数学生与教师并未真正交流，这不利于学生的学习，也不利于教学计划的改进。在大数据时代，高校可以利用大数据技术建立智慧教室，若干个学生围坐在一张桌子旁，每个学生手持移动终端。在课堂教学中，教师可以根据教学内容设置问题，学生在移动终端上输入自己的答案。大数据技术会对学生的答案进行整理，形成一份数据报告。这样，教师就能直观地了解到学生对知识的掌握情况，并在这个基础上针对学生的薄弱环节进行强化训练，从而提升教学的针对性和实效性。

三、利用大数据技术进行智慧型科研管理

在智慧校园建设过程中，智慧型科研管理是一项重点内容。高校应当利用大数据技术建设智慧型科研管理平台，针对全国各地科研机构资源库、成果资源库、专家信息库、项目资源库等资源进行整合，并科学分析这些海量数据，进行智能化分类、管理。在这个基础上，根据项目实际需求推荐合适的合作伙伴，并利用大数据技术动态跟踪科研项目，协同管理科研合作。建设这种智慧型科研管理平台，可以为外部各级科研机构和校园内部的教师、科研管理人员提供一个方便高效、资源开放、信息共享的网络服务平台，为高校科研工作的开展提供良好环境。

四、利用大数据技术进行智慧型生活管理

对全校师生的生活进行管理是高校管理工作中的一个重要分支。由于高校中教师和学生数量多，时刻都在产生大量信息，要想为师生提供舒适的生活环境，高校应当利用大数据技术将这些庞大的数据信息存储并利用起来，以保障校园内师生的生活秩序。例如，高校可以安装大量监测设备、感应识别设备等，将校园生活各个区域均覆盖到，及时收集师生在日常活动中产生的数据信息，并向云存储层上传这些数据信息，实现对在校师生生活的全面感知。又如，学校可以通过"一卡通"刷卡记录及时了解浴室、食堂的使用情况，了解学生的用餐情况和经济情况等，再根据数据信息进行有效的生活管理，学生还可以下载智慧校园 APP，及时了解校园实时信息，以便更好地调整自己的作息情况。

近些年，随着信息技术的发展，智慧校园建设工作成为教学管理工作中的重点工程。建设智慧校园是推动教育事业长足发展的重要举措，也是时代发展的必然趋势。在新时代下，高校应当从自身特点出发，立足实际，利用大数据技术整合资源，进行统筹规划，实现校园发展和现代化信息技术的充分融合，基于大数据技术进行智慧型校园管理、教学管理、科研管理和生活管理，建设个性化的智慧校园。

第二节　大数据与高校智慧校园后勤服务

如今，随着互联网信息技术的快速发展，云计算、大数据等信息技术在社会的多个领域得到了较为普遍的应用。在当今大数据时代的背景下，依托于先进的互联网信息技术，高校越来越重视智慧校园的建设，而大数据作为一种新兴的数据库处理技术，在高校智慧校园的建设过程中发挥着重要的作用。尤其是在高校的后勤服务领域中，大数据技术的应用能够有效提高后勤的服务质量、效率以及安全水平，这也是高校智慧校园后勤服务发展的目标。本节对高校智慧校园后勤服务进行了相应的分析，并探讨了大数据在高校智慧校园后勤服务方面的应用。

在现代信息技术不断发展的背景下，大数据技术、云计算以及物联网技术等开始应用于社会生活的多个领域，尤其是大数据技术，在社会各领域中得到了较为普遍的应用。在大数据时代下，高校智慧校园建设越来越受到社会的重视，其应用了当今社会上较多的先进技术。而在高校后勤服务领域中，大数据也越来越发挥着重要的作用，对改变高校后勤管理模式、提升高校后勤服务的

水平以及服务效率具有重要的意义。在大数据背景下，高校智慧校园建设是高校未来发展的趋势，而大数据技术的应用，为高校智慧校园建设提供了极大的帮助。通过利用大数据技术和其他信息技术，能够使高校后勤服务更加智慧化，实现高校后勤服务的人性化、个性化。

一、高校智慧校园后勤概述及建设的重要性

（一）高校智慧校园后勤概述

在当今信息化的社会环境下，各种互联网信息技术在各领域得到了较为普遍的应用。在教育领域，高校智慧校园建设就充分利用了各种先进的信息化技术。在高校后勤服务中，打造高校智慧校园后勤也成为高校后勤服务发展的方向。高校智慧校园后勤就是利用当今先进的计算机信息技术，结合相应的软硬件资源，将后勤的业务流程以及服务方式进行融合、优化，从而有效提升后勤服务的水平。

高校后勤服务往往涉及较多的内容。在大数据时代下，高校智慧校园后勤的建设融合了多种先进技术，如物联网技术、智能传感、云计算以及大数据等现代信息技术，从而实现了智慧校园后勤服务优化，并能够及时进行相应的信息交流，建立起高校后勤保障体系。高校智慧校园后勤工作的主要目标是提升后勤的服务质量以及内部的工作效率。在大数据背景下，高校后勤服务的运行方式以及管理模式都发生了相应的转变，从而进一步优化和提升了高校后勤服务的质量，为广大师生提供了更加高效、优质的后勤服务保障。

（二）高校智慧校园后勤建设的重要性

在当今高校教育体系中，高校后勤服务是其中重要的组成部分，在高校运行以及发展过程中发挥着重要的作用。高校后勤服务部门管理着高校多方面的事务，在满足高校师生生活需求、维护高校教学秩序以及保障高校师生的正常教学活动等方面发挥着越来越重要的作用。尤其是在大数据背景下，面对高校后勤服务领域越来越多的信息数据资源，高校智慧校园后勤的建设发展具有十分重要的意义。依托大数据技术，可以实现对高校后勤服务领域相关数据资源的有效利用。通过建设高校智慧校园后勤可以提高高校后勤服务的水平，为高校师生创造一个平安、和谐的校园环境。

二、大数据在高校后勤服务方面的应用分析

高校通常具有较多的后勤部门，并且后勤部门所服务的范围也比较广，涉及较多的业务。在大数据技术的支持下，高校智慧校园后勤服务平台不但能够为后勤工作人员提供信息化的服务手段，同时也能够对服务的相关对象做到精细化管理。而基于大数据技术的高校智慧校园后勤服务信息化建设，也是当今信息化社会环境下高校发展的目标之一，通过从大量的数据中获取有用的数据，再经过相应的分析、处理进而转化成有用的信息，可提升后勤服务的质量以及管理水平。

（一）大数据在高校后勤报修平台上的应用

在大数据技术的支持下，基于数据采集的高校后勤服务报修平台，可以对教师和学生提交的各类报修信息进行采集，而这只需要高校师生通过相应的软件或者网页进行报修信息的登记。后勤服务部门的相关管理人员在获取报修信息后，就可以委派维修人员进行及时的维修处理。通过后勤服务报修平台，后勤管理人员可以及时、快速地获取各类报修信息，从而对高校各后勤服务部门的维修服务进行集中管理，有效提高高校后勤服务部门的服务质量以及工作效率。

（二）大数据在高校食堂自助点餐系统中的应用

部分高校的食堂中具有自助点餐系统，高校的师生通过相应的软件就可以进行自助点餐，当点餐信息发送到点餐系统后台后，配菜人员就会将做好的带编号的配菜送至取饭的窗口。这个过程就利用了大数据技术。通过对各类菜品的订单数据进行收集，食堂的管理人员可以及时对每日制作的菜品数量进行有效的控制，并通过对数据的进一步分析得出师生比较喜欢的菜品，这样就可以及时对不同种类的菜品数量进行调整，从而满足高校师生的就餐需求。这在一定程度上也减少了高校师生的点餐时间以及排队时间，提高了服务的效率和质量。

（三）大数据在高校门禁系统和学生住宿管理系统中的应用

对于高校而言，学生宿舍门禁系统具有十分重要的作用。高校学生数量众多，具有较为庞大的信息量，需要记录存档的数据也较为庞大，人工管理起来具有一定的复杂性。门禁系统中存储着学生的相关信息，包括学生的个人信息，进出宿舍的信息等，这都形成了大量的信息。通过在门禁系统中应用大数据技

术，可以对学生出入宿舍的数据进行分析，根据相关的数据信息就可以了解到学生晚归或者多日未归的情况，当门禁系统接收到这些学生的数据信号时，其系统内的预警功能就会触发，实现对管理人员的智能预警，从而让管理人员及时发现学生的情况。

学生住宿的管理系统中，包含着大量的学生住宿数据。这些数据中包括不同系别、不同专业的学生的相关数据信息。通过利用大数据技术，可以有效地对全校宿舍的数据进行分析和处理，从而帮助高校相关管理部门及时掌握学生的住宿情况，尤其是每年都会有的老生离校以及新生进校的情况。根据大数据技术分析处理后得到的宿舍相关信息，高校就可以做出相应的决策，并对学生的住宿情况进行适当的调整和规划。大数据技术的应用，能够完善高校学生住宿管理系统，促使学生住宿管理系统更好地发挥作用，帮助高校宿舍管理人员管理学生的住宿情况。

综上所述，在社会信息化程度不断提升的背景下，云计算、大数据等信息技术已经得到了较为广泛的应用。在高校智慧校园建设过程中，大数据技术在高校后勤服务领域发挥着越来越显著的作用，在高校众多后勤服务部门中扮演着越来越重要的角色。由于高校后勤服务部门涉及较多的服务管理业务，同时也催生了大量的数据，通过大数据技术对这些数据进行有效的采集、分析和处理，从中获取有价值的数据信息来帮助改善后勤服务管理的方式，能够有效提高高校后勤服务的质量以及效率，从而促进高校智慧校园建设更快发展。

第三节　大数据的作用与基于智慧校园的教学改革

大数据时代的到来使各个行业都受到了一定的影响，教育行业也不例外。在教育行业中，以大数据为背景的智慧校园教学改革逐渐成为行业发展的主要方向。本节从智慧校园开始谈起，结合大数据对教育的作用，就当前的智慧校园教学改革展开了详细分析，希望能给当前的校园教学改革带来一定帮助。

大数据在教育中的合理化应用，帮助高校实现了一定的教学改革目标。当前，校园教育正朝着智慧校园的方向不断发展，而智慧校园的推行也为教育行业的进一步发展提供了一定的数据支持。

智慧校园主要是借助当前的互联网新技术，通过建立相关的数据服务平台，对所得数据进行有效的整合，以此来改变校园内不同人员之间的资源交互方式，将校园资源、教学、应用系统、科研等进行有效的整合，从而不断提高应用交互的灵活性、明确性，最终实现一定的智慧化管理与服务。

受到大数据的影响，智慧校园主要有以下特点。一是信息化程度提升。建立智慧校园需要依靠先进的智能终端设备及物联网技术，并以此为基准为校园建立一个良好的生活环境，同时为在校师生科研活动的顺利进行奠定基础。另外，随着物联网技术的不断应用，智慧校园信息化程度不断提升。二是协调能力得到提升。智慧校园建设主要是对校园信息进行协调整合，从而不断提高整体的信息协调能力。高校的管理与教学要做好校园资源的整合共享，同时做好相关工作的协调安排，从而尽早实现教学目标。三是方便快捷。在大数据环境下，智慧校园借助各项移动终端，帮助师生进行拓展教学，便于教师方便快捷地获取教材，从而顺利完成各项教学任务。

一、在教育发展过程中大数据的作用

随着大数据时代的到来，教育行业的发展也受到了很大的影响。行业间普遍的说法是，大数据时代的到来，改善了传统教学模式，使教育决策更具科学性，教学质量得到提高，教育评价更加完善。与此同时，在教育过程中引入大数据也存在一定的挑战，如人才匮乏、技术落后等。将大数据应用于当前教育过程中的具体作用如下。

（一）改善传统教学模式

借助大数据，教师便于对学生的学习信息进行分析研究，从学习过程、学习活动、学习教材等多个方面统一进行数字化处理，然后结合学生特点开展有针对性的教学活动。当然对于学生而言，也可以根据其自身条件，选择适于自身发展的方法，进行自主学习。总之，通过分析采集到的教育数据信息，可及时掌握实际教学与学生学习成效之间的关系，帮助教师全面掌握教学情况，然后设计出更加符合实际教学情况的教学方法，最终从整体上提高教学效率。

（二）使教育决策更加科学

在大数据时代，教师在进行教学决策期间不再需要参考前人，也不用自己进行深入研究，只需要从大量数据中分析出实际教学数据特征，结合数据特征及其与各项数据之间的关系，进行科学的教育决策即可。所以说，在教育决策当中，利用大数据，便于教育者及时了解行业发展情况，及时掌握教育信息，从而做出最佳的教育决策。

（三）提高教学质量

高校中对于教师、学生等方面的信息，可以利用数据库进行信息存储。在传统教学中，由于信息数据量比较大，难以获取有效信息。大数据的问世就为这些数据的分析处理带来了很大帮助。借助大数据，高校就可以对教学数据进行相关的计算分析，以便为健全教学系统、提高教学质量提供实际的帮助。高校通过健全质量监控体系，分析教学影响因素，也可以不断提高教学质量。

（四）提供教育评价

大数据在教育教学中的应用，也对教育评价工作产生了很大影响。利用大数据思维，可以为教育评价提供一定的思路，具体而言主要有以下方面：第一，结合学生实际，加强师生互动，关注学生的学习和感受；第二，扩展教育评价，改变传统的教育评价方式，将实际教学评价拓展到与教学活动相关的不同对象上面；第三，不局限于对考试成绩的关注，应更加关注学生的综合实力。

二、大数据环境下基于智慧校园的教学改革

（一）普及智慧校园知识

智慧校园知识主要的普及对象为高校、教师与学生。对于高校来说，要对校内教师开展专业课程培训，同时制定相应的奖励政策，鼓励教师主动学习。对于教师来说，要及时掌握与智慧校园有关的知识，同时借助大数据技术对学生的学习数据进行深入的分析，及时掌握学生学习情况，以便及时调整自身的教学方案，同时在教学过程中还要结合学生特点因材施教，紧跟时代发展步伐，促进学生全面发展。对于学生来说，在了解各项智慧校园知识外，要善于利用大数据资源，获得更多的学习资源，同时结合自身水平，选择最佳教材。另外，学生还可以借助大数据环境，发展个人爱好，提高个人综合素质。

（二）研究教学改革理论

借助大数据环境，智慧校园在教育改革上有了新的借鉴与参考，但仍有必要深入开展相应的教学理论研究。理论基础作为智慧校园建设的前提，唯有不断完善，才能充分发挥其作用，并为智慧校园建设提供一定的支撑。加大对教育改革理论的相关研究力度，可以为教育改革提供一定的指导。在大数据时代，智慧校园教学改革会衍生出很多教学理论，对这些理论展开深入分析，可以为教学改革方向提供一定的理论支撑，最终为教学改革的顺利实施提供充足的保障。

（三）利用智慧学习环境

利用大数据的分析处理能力，可以对教学与学习当中的学习方法与策略进行不断改进，从而使其与实际教学计划相适应。智慧学习环境可以做到将物理环境同网络环境相结合，便于教师和学生对抽象的物理环境进行清楚的感知。另外，利用大数据的分析能力，还可以为学生提供最佳的学习资源，便于学生更好地学习知识。在智慧化的学习环境里面，教学活动的设计可以更加人性化，借助智慧化环境，学生可以结合实际建立属于自己的学习环境，这种环境有助于学生不断提高学习效率。

（四）利用网络资源模拟教学场景

在大数据环境下，利用先进的分析处理技术，高校可以获得更加丰富的教学资源。目前，校内网络建设比较完善，高校通过建立一定的网络平台，可以帮助学生及时获取学习资源。同时，学生借助智能设备，还可以及时搜寻其需要的各项信息。另外，借助网络交流平台，学生能够将自身的学习情况反馈到教学系统。利用大数据建立一定的教学模拟场景，便于学生直观地了解知识，同时还可以提高学生的学习兴趣，拓展学生的视野。这不仅解决了传统教学过程中缺少教学器材的问题，还可以赋予学生新的教学体验，从而帮助学生更好地投入实际的学习。

综上所述，随着大数据时代的发展，国内教育也逐渐朝着信息化的方向不断发展。虽然智慧学校在发展建设过程中仍然存在一些问题，但从总体上来讲，优势已十分明显。为了推进教学改革不断向前，在以信息技术发展为主的当下，一定要将大数据与教育进行全面结合，如此才能为教学改革提供新的思维与方法，促进教学改革进程不断加快，最终提高整体的教学质量，开展全面的智慧校园建设。

第四节 基于大数据的智慧校园精准资助

党的十九大强调，必须进行精准扶贫。现在高校的资助工作越来越多样化，本节主要阐述在智慧校园条件下，大数据对学生资助工作的影响。通过大数据的分析整理，学校对贫困学生不应单单只进行经济上的资助，在育人方面也要做到精准资助。

2018年，全国高校学生资助工作培训会议召开，该会议对高校资助工作提出了新的要求，即从原来单一的经济资助到现在多方面的精准资助。在当前大数据时代下，可将大数据运用到精准资助上，用大数据来分析受资助学生的情况，能够更全方位地资助育人，也能够进一步提高资助工作的时效性和精准性。

一、高校目前资助的现状

目前，各高校贫困生资助的政策体系制度都比较完善，资助的力度很大，能够使家庭困难的学生真正享受到受教育的机会，让受资助的学生与其他普通学生一样享受教育的公平，也能感受到来自党和政府的关怀，能够体现社会主义大家庭的温暖。但是，也有部分高校资助工作的形式过于简单、缺乏后续的跟踪及育人管理，导致学生中出现了隐性贫困、虚假贫困的现象，从而影响了高校学生资助的公平性和公正性。因此，如何做好高校贫困生的认定，以及做好高校贫困生的精准资助工作，还有高校如何在精准资助的前提下达到精准育人的目的，是高校当前和今后要考虑的重点，也是我们做好高校资助工作的落脚点。

（一）资助学生的认定环节出现的问题

当今，高校经济困难学生认定的基本流程有以下几步。第一步，由学生本人填写《高校家庭情况调查表》并在规定位置盖当地的民政部门公章。在该调查表中要明确说明家庭的收入情况和家庭存在的经济困难。或者由当地村委会出具家庭经济困难的证明，现在有一部分困难家庭有扶贫手册。第二步，部分高校各个班级会组织贫困生认定小组，认定小组根据该学生的日常消费情况和其他表现，对贫困生进行等级划分，分为一般贫困和特别贫困。认定环节在实际操作过程中会出现一些问题。一方面，资助的启动程序是由本人先提出申请的，有的学生家庭很困难，但是由于认知问题，认为自己申报贫困生，就会遭受教师和同学的"特殊待遇"，自己的自尊心会受到伤害，所以会隐瞒自己真实的家庭情况；另一方面，个别学生因为金钱的诱惑，虽然家里不贫困，但是为了获得一些补助，主动提出申请。在认定的环节中，一些地方上的民政部门，没有认真核查该学生的家庭情况，就在调查表上盖章签字，或者由于地方政策不同，处理方式有差别，导致真正贫困的学生没有得到认定。现在由于招生政策的变化，高校招生范围越来越广泛，由此就出现了由于地域的差别，地方之间认定贫困的标准不一样，而高校认定的标准是一样的，一部分真正贫困的学生没有得到补助的现象。

（二）资助的方式比较单一，缺乏个性化资助

目前，大部分高校都是从"奖、助、补、贷、勤"这几个方面来帮助贫困生的，可贫困生仅仅是从经济上得到帮助，在"勤"这一方面做得很少，没有专门的机构对其进行监督与管理。有些贫困生不单单是经济上的贫困，心理上也需要呵护，其会对自己的经济状况比较在意，在学习和生活中会出现自卑的现象。特别是在班级集体活动中，他们会出现逃避、隐瞒自己的经济状况的现象。高校要帮助其摆脱自卑与孤独情绪，让贫困生能够勇敢地在各类学生活动中脱颖而出。同时，高校要针对每个学生贫困的原因和自身的特点来对贫困学生进行分类帮助，建立贫困生档案，做到一档一个学生，有针对性地进行一对一精准模式下的资助，最终达到育人的目的。

（三）缺乏专门的部门对其进行跟踪

以发放助学金为例，现在大部分高校对已认定的贫困生，只需要其提供个人的银行账号，助学金就会分次打到个人账户上。学生在收到助学金后，没有相关的部门对其进行核对，也没有后续的跟踪，调查该生收到资助之后的用途，助学金对其学习和生活会有什么改变。这样只会让学生感觉资助很简单，只需要填写表格就会得到，没有一点敬畏心与感恩心，也不懂得要去回报社会。特别是获得助学金的学生出现日常花销很大的情况，导致其他学生对其不满意，也不利于学生的成长。

二、大数据对精准资助的作用

（一）大数据有利于对贫困学生认定的规范化

目前，高校在认定贫困生的时候只是凭纸质的材料进行认定，造成信息的单一化和滞后化。如果将各个地方的资助数据进行共享，就能够对学生入学之前的资助情况，以及其家庭所在地区的资助情况有所了解，就有可能避免多方进行经济资助的情况，也能够体现精准资助的意义，切实做到真正帮助贫困学生解决实际的困难，对资助学生的家庭也要跟踪了解，有利于国家政策的落实。一方面可以让精准扶贫真正落地实施，另一方面也可以保证资助的公平性和公正性，既让高校了解受资助学生的真实情况，可以及时调整助学金的发放等级，还让地方民政部门也知晓高校的相关资助政策，避免出现重复资助现象。整个社会的信息实现共享，能够通过这些大数据分析高校的资助政策和地方的资助力度，对精准扶贫进行了详细的解释。

（二）大数据有利于对贫困学生情况的分析

在认定贫困生之后，高校要和当地民政部门一同将数据进一步融合，分析学生家庭贫困的原因，对贫困学生进行分类。对于一般贫困和特别贫困的家庭，应做到实时跟踪，这有利于高校每年助学金等级的确定。精准资助数据分析过程中要注重两个方面：一方面要做到动态分析。数据分析贯穿精准资助工作的各个步骤，从最初的了解家庭情况到贫困认定，各个步骤都离不开数据信息的支持。另一方面则要重视共享分析。高校资助部门和当地资助部门要通过大数据保持紧密联系，在最大范围内获取学生家庭和之前受资助的数据资料，并在取得成效后共享精准资助经验以扩散社会价值。动态数据分析之后，受资助的学生和家庭就要确定其脱贫的时间，这样就可以将资源最大化地整合在一起，让最需要资助的学生和家庭能够得到切实的帮助。

（三）大数据有利于对贫困学生资助的跟踪

智慧校园下的互联网运用越来越广泛，如今，学生上课和生活都离不开互联网的支持。资助之后高校可以通过大数据了解学生的生活和学习情况有没有发生变化，当地的资助部门也可以看到学生在校期间的资助情况，对学生家庭的帮助也能做到精准扶贫。以江苏省一名贫困生为例，该学生在校期间能够获得助学金，家里有扶贫手册，高校给予其学费补偿，这样就会减轻家庭的经济负担。该学生的贷款信息、消费情况也会有汇总，其学习和生活方面会有详细的数据可进行分析。高校可以通过大数据技术，每年进行数据的跟踪，看到每个学生受资助之后的变化，有利于社会的和谐发展。

（四）大数据有利于对贫困学生资助的管理

大数据可以帮助高校建立智慧校园下的贫困生数据库，有利于高校对受资助学生进行管理。将受资助学生的数据进行动态分析，能够使高校及时调整资助的力度和政策。学生在校期间的各种数据显示，高校可以对每个学生进行个性化的资助，不单是经济上的补助，从精神上也可以进行精准帮助，让我们的资助工作能够对每个学生有真正帮助，有利于学生在校的生活和学习。同时个性化资助对于学生的家庭也有很大的帮助，减轻了家庭的经济负担，对当地的扶贫工作也有很大的支持。

综上所述，本节对智慧校园下的大数据与精准资助做了一定的阐述。以智慧校园为背景，利用大数据来对精准资助工作进行指导，高校的资助数据和地方的资助数据相结合，不管是从高校资助工作上看还是从地方资助工作上看，都是将资助的资源最大化地整合，让资助工作能够更全面地去帮助学生的成长，减轻贫困家庭的经济负担，让国家的政策真正惠及每个贫困学生，也让我们的社会更加和谐。

第五节　大数据背景下高校智慧校园顶层设计

在大数据、物联网、云计算等新兴信息化技术应用的背景下，本节针对高校智慧校园建设在新技术应用方面存在滞后脱节的现象，通过态势模型分析目前高校智慧校园建设的现状，在此基础上提出了基于组织机制建设、制度保障建设、标准体系建设、人才队伍建设、安全体系建设、信息化平台建设的智慧校园顶层设计思路。希望通过智慧校园建设，为高校管理人员提供决策辅助，推动高校管理制度创新，实现高校教学信息化、服务智能化和管理决策科学化。

我国高校信息化始于 20 世纪 80 年代，从早期电算化和校园网络建设，到各信息系统建设并逐步集成整合的数字化校园建设，再到目前运用云计算、大数据、物联网等新技术的智慧校园建设，可以说信息化已经深度融入高校教学、科研、服务和管理决策各个方面。随着《国家中长期教育改革和发展规划纲要（2010—2020 年）》《教育信息化十年发展规划（2011—2020 年）》《教育信息化"十三五"规划》《2018 年教育信息化和网络安全工作要点》等有关政策密集出台，可以看出国家及教育主管部门正在加强教育信息化的顶层设计，而智慧校园建设已被众多专家学者、高校管理者和广大师生一致认为是实现校园内资源感知、交互和共享，实现"平安校园""绿色校园""和谐校园""生态校园""科学校园"的有效途径，能够为教学科研、服务管理、科学决策等提供强有力的支撑。智慧校园在新技术日益广泛应用的背景下，通过校园信息资源的有效整合和交互共享，将以教学科研为中心，以人才培养为目标，优化和提升高校教学、管理和服务的水平，最终可提供开放的、个性化的教学科研环境和便利舒服的生活育人环境，为国家战略及时培养和输送智慧人才。因此，现阶段如何在大数据等新技术应用背景下提升教育领域的信息化、智慧化水平，特别是做好高校智慧校园的顶层设计已成为高校智慧校园建设面临的重大挑战。

一、高校智慧校园建设现状分析

目前，各高校进行的数字化校园与智慧校园建设已经基本解决了高校日常的管理信息化问题，但仍然存在由于建设年代不同，业务信息系统彼此之间相互孤立，基础数据没有实现共享共用，跨部门的管理流程不通畅、不协调，数据使用仍然存在线下拷贝的现象。同时，其还存在着不能充分将已建设智慧校园中的海量数据进行有效分析，为高校教学信息化、服务智能化和管理决策科学化提供有效支撑等问题，可以说还处在智慧校园的初级阶段，而大数据背景下智慧校园的建设将极大地改变这种现状。

本节通过运用态势分析模型，从内部优势、内部劣势、外部机遇与外部挑战四个方面准确、客观、系统地分析高校智慧校园建设的现状，并以南京邮电大学智慧校园一期建设为例，在此基础上进行智慧校园建设的顶层设计，以用户业务需求为导向，为师生提供智慧化服务。

（一）内部优势

"十三五"期间，各高校都出台了"十三五"信息化建设规划，都明确将依托大数据、物联网、云计算等新兴技术积极稳步推进智慧校园建设，并将不断加大智慧校园建设的经费投入力度，利用高校在专业人才储备上的优势，培养专业的信息化人才，建设高水平的智慧校园。首先，各高校普遍高度重视智慧校园建设，将原先挂靠在校办或学院的信息科、校园网络中心独立为专门负责智慧校园建设的二级部门，如信息化处；其次，高校普遍开设了通信电子、计算机等相关专业，信息化建设方面的专家学者众多；最后，高校师生受教育程度高，具有不同的专业技术知识背景，对新技术的接受程度高，学习能力强。这些都对高校信息化建设起到积极的推动作用。

（二）内部劣势

目前教育部等高校主管部门出台了一系列文件，但关于智慧校园平台建设仍缺乏统一标准，缺少顶层设计。每所高校都各自为政建设智慧校园，很多高校教学管理系统、固定资产系统、人事工资系统、学生工作信息系统之间缺乏统一的数据标准，有些制定了数据标准，但在实际工作过程中并没有严格遵守和执行，各个信息系统仍然在独立建设，数据不共享、不对接、不交互，导致"信息孤岛"现象依然存在。

（三）外部机遇

随着《国家中长期教育改革和发展规划纲要（2010—2020年）》《教育信息化十年发展规划（2011—2020年）》和《教育信息化"十三五"规划》等涉及教育信息化的政策文件密集出台，党中央、教育部已经把教育信息化的作用和地位提升到了前所未有的战略高度，教育信息化正迎来重大的历史发展机遇。高校智慧校园建设也必将在这一轮的教育信息化浪潮中受到高度重视，迎来重要的发展机遇。同时，智慧校园建设必将推动和实现高校管理、教学、科研和服务的现代化。

（四）外部挑战

目前，不管是政府主管部门，还是各智慧校园建设部门，都还没有提出一个完整的基于物联网、大数据、云计算等新技术的智慧校园建设标准，各个高校都以各自的特色探索智慧校园建设，根据各自的建设经验在不同的学术期刊和学术会议上为智慧校园建设标准建言献策。特别是对于智慧校园顶层设计，大家已经开始逐步统一观点，都意识到在大数据背景下智慧校园顶层设计的重要性，但是一些基本数据格式还没有统一标准，如"一卡通"系统的相关标准。

二、基于大数据的高校智慧校园顶层设计思路

（一）创新组织机制建设

要按《教育信息化"十三五"规划》的部署要求，建立高校首席信息官机制，在机制上确立智慧校园信息化建设为"一把手"工程，健全高校智慧校园建设领导小组体制，成立智慧校园建设专家委员会、智慧校园建设工作委员会等。要强化高校对信息资源组织、协调的工作职能；建立以服务流程为驱动、安全运营为导向、项目为基础的开发和建设模式；建立健全跨部门多业务的信息化协调处理机制。

（二）加强制度保障建设

要明确智慧校园建设、管理和维护归口部门的职责权限，确立智慧校园建设和运营维护归口管理制度。业务部门负责明确信息化需求，享有信息系统的管理与使用权利，承担业务系统中涉及本部门源数据的准确和规范职责。信息化部门负责业务系统的建设和运行维护，根据实际功能需求的变化有计划、分步骤地完善系统。信息化经费应该统一归口规范管理，按高校实际需求和建设现状有条不紊地进行智慧校园建设，制定完善的数据中心资源管理办法，合理分配网络、服务器等硬件基础设施资源，最大限度地提高高校数据中心资源的利用率。

（三）强化标准体系建设

标准体系涵盖了管理、技术、运维和服务多方面的制度、标准和规范机制等。强化标准体系建设就要从智慧校园的网络融合层明确信息感知和采集的标准和规范；从数据融合层明确数据存储、交换和分析决策的标准和规范；从服务融合层明确信息资源管理、项目规划开发实施、系统运行维护、信息安全管理的标准和规范。最终以业务为驱动，以人为本，制定详尽的业务架构、技术架构、应用架构、安全架构技术标准规范，提升高校产、学、研、教、管的智慧化服务水平。

（四）加强人才队伍建设

在大数据时代背景下，高校需提升师生的大数据素养。在大数据背景下智慧校园呈现出的技术手段更先进、涉及领域更广泛、人才专业性更强，对于智慧校园建设、开发以及管理人员的技术能力和素质能力要求更加严格。因此高校应加强大数据相关专业人才的培养，有计划地培养熟练掌握大数据新技术开发、实施和管理的人才，同时加大高水平大数据人才的引进力度，强化专业人才梯队的建设，为大数据背景下的智慧校园建设提供可靠的人力支撑。高校智慧校园建设涉及全校的行政、教学单位，各类服务型行政管理人员的水平是智慧校园能否真正"智慧"的关键所在。高校需要在各单位中开展大数据的相关培训，提升一线服务型工作人员的大数据素养，有效解决"重开发，轻应用"及"数据流通最后一公里"等问题。

（五）务实信息安全体系建设

习近平在 2018 年 4 月召开的全国网络安全和信息化工作会议上提出，要加强信息基础设施网络安全防护，加强网络安全信息统筹机制、手段、平台建设，加强网络安全事件应急指挥能力建设，积极发展网络安全产业。

对于高校信息化而言，首先，要落实网络安全体系架构建设，牢固树立信息安全意识，梳理智慧校园安全体系架构的层次和整体布局。其次，要完善和完备网络与信息安全规章制度和应急预案，落实信息系统安全第一责任人机制。最后，要落实和实践校园网络线路、网络设备的冗余机制和服务器与存储设备的容灾备份机制；要完善和健全智慧校园平台和业务系统的信息系统安全等级保护机制；要完善智慧校园安全防护平台、业务监管平台、网络监控平台的建设。

（六）立足于以服务为导向的信息化平台建设

要以服务为导向面向师生提供全面的信息服务，通过建设完善教学管理系统、固定资产系统、人事系统、学生工作信息系统、财务管理系统、后勤管理系统等，实现各类党政工作全面信息化。要整合校内人、财、物等各项资源，为师生随时随地地提供智慧服务，建立包括实验教学系统、网络教学系统和教务教学系统等一体化的教学运行管理平台，提升新时代背景下的高校理论课程上和实践教学过程中的信息化水平，将教学信息化充分融入人才培养体系的全过程。其旨在激发学生学习能动性和积极性，实现课堂教师教学和在线学习相补充的人才培养模式。

在大数据背景下，要充分描述人物的数据属性和特征，以数据流服务业务流，使业务部门信息系统中的数据准确率达到100%，数据完备性超过90%，让大数据在智慧校园信息化平台建设中发挥巨大作用。比如，南京邮电大学充分利用数据流打通财务系统、学生工作系统、教务系统等多个系统之间的数据壁垒，在高校中率先启用了电子数据注册系统，实现系统间数据共享和流程交互，本科生学费一次缴清率由之前的60%提高到99%，同时规范和提升了学生注册工作的流程和效率，学生缴费和注册数据直观可见，为该校科学决策提供了有力的数据支撑。

在大数据、物联网、云计算、移动互联网等新技术运用的背景下，本节充分分析了国内高校智慧校园建设的经验和不足，从技术、管理、运行维护、服务、制度和安全等多维度讨论了加强大数据背景下智慧校园的顶层设计，在智慧校园建设过程中不断总结和摸索，不断创新应用，构建一个网络化、数字化、平台化、协同化、智能一体化的高校智慧校园平台，在"十三五"期间逐步实现智慧教学、智慧科研、智慧管理、智慧决策、智慧服务，这也将是高校智慧校园发展的最终目标和必然趋势。

第六节　大数据时代基于人才培养的智慧校园建设

信息技术发展的今天，物联网、互联网、云计算、大数据技术的生成，大数据时代的来临，使各行各业的发展模式发生变革，为教育领域改革注入新的动力。智慧校园是大数据背景下提出的新教育战略内容，做好该项工作，对人才培育质量的提升十分重要。本节着重分析大数据背景下基于人才培养的智慧校园建设的特征，论述大数据背景下基于人才培养的智慧校园建设的目标，提出大数据背景下基于人才培养的智慧校园建设的路径。

对于高校教育而言，构建智慧校园，要以先进技术为导向，推进教育教学内容、方式、形式的改革，激发学生学习积极性，增强学生学习效果，以此促进学生全面发展。在大数据背景下，我们需要重视智慧校园的构建，以人才培育为导向，促进应用型、创新型、服务型人才的培育，进而提高高校办学质量。因此，研究大数据背景下基于人才培养的智慧校园建设对策十分重要，其不仅是学生未来发展、就业的需要，也是高校教育教学模式革新的需要。

一、大数据背景下基于人才培养的智慧校园建设的特征

智慧校园是指高校信息化教育模式的高级形态，借助先进信息技术，对数字校园进行一定的把握，包含教师工作模式、学生学习效果等，以此根据师生真实思想行为模式，给予有针对性的引领，促进师生全面发展。在大数据背景下，基于人才培育的智慧校园建设具有一定的特征。从信息化业务运行方面而言，相比较传统教育管理模式，智慧校园较为重视人才培育模式，通过先进技术推进人才培养模式、社会服务体系、科学研究体系的融合，重视跨专业教育形式，满足学生个性化发展需要，进而构建新型的教育模式。从技术层面而言，物联网、云计算、大数据、移动网络、知识管理、人工智能、虚拟现实、社交网络等技术的兴起与应用，数字校园技术形态革新，为数字校园形态提供技术保障。通过智能感知研究对象，借助大数据技术进行建模，可增强校园信息数据的共享性。

二、大数据背景下基于人才培养的智慧校园建设的目标

（一）智慧型人才培育

高校的教育任务是通过教育教学活动的开展，实现育人目的，培育学生能够运用所学知识，积极生活、发展以及就业，以此实现人才培育目标。而构建智慧校园，实现智慧型人才培育模式，推进线上与线下教育模式的开展，可增强教学的有效性。传统教育重视对学生知识的灌输，忽视对学生技能的培育，使学生空有丰富的理论知识，但缺乏实践技能，不利于其发展。而构建智慧校园，能够推进专业理论教学与实践教学的融合，既能拓宽学生知识面，又能培育学生良好的实践能力。

（二）智慧型社会服务

在高校教育体系中，社会服务是一项重要的内容。但在传统的教育体系中，社会服务的重要性一直没有突显出来，这影响到人才的培育质量。而在大数据背景下，以人才培育为导向构建智慧校园，实现智慧性服务工作的开展，可以增强学生社会服务性能力。高校在社会服务过程中，可以借助智慧校园的构建进行实现。一方面，借助先进技术，如大数据、互联网等技术，推进产、学、研的结合，为学生提供实验、实践平台，促进科研成果的转化，以此提高人才培育质量；另一方面，依托于互联网平台，面向科普教育、学科教育、人文教育，增强对学生的人文性素质的培育。

（三）智慧型文化传承

高校是文化传承、传播、弘扬的重要基地，在培育学生文化自信、自觉中发挥着不可替代的效用。在大数据背景下，以人才培养为导向促进智慧校园建设，需要从两方面实现智慧型文化的传承与发展。一方面，立足于传统文化，挖掘优秀的传统文化内容，将传统文化融入校园文化，加强学生思想道德修养教育，提升学生文化认同感，使学生在多元化文化背景下通过对文化的比较，培育文化自信；另一方面，借助大数据技术推进国际汉语教学的开展，丰富教育资源，在线向学生传播优秀传统文化，以此促进文化的传播。与此同时，在线的文化交流，可增强学生对文化的深入理解能力，以此实现智慧型文化的传承模式。

三、大数据背景下基于人才培养的智慧校园建设的路径

（一）构建公共数据平台

在大数据背景下，构建智慧校园，需要重视公共数据平台的建设。公共数据平台作为智慧校园建设的基础形式，可以汇集高校各种各样的信息资源，通过教师在信息数据中提取、分析数据，能够有效运用数据，突显数据价值。与此同时，构建公共数据平台，可以形成信息数据共享模式，实现校内服务、信息处理、信息维护等管理信息的共享模式，增强信息数据的运用效果。此外，构建公共数据平台，提升高校信息数据流通量，促进调度执行、监控平台运行服务、信息编码标准等管理模式的实施。因此，以人才培养为导向构建的智慧校园，需要重视公共数据平台的构建。例如，借助大数据、云计算平台，实现各个部门联网运行机制，使各个部门网络数据实现有效的流通。

（二）建设高校管理支撑平台

在大数据背景下，要想确保智慧校园建设的有效性，突显人才培育的效果，需以高校管理平台的构建为支撑，提高高校教育教学质量。因此，以人才培养为导向建设的智慧校园，需要促进高校管理支撑平台的建设，培育学生成为祖国建设的优秀接班人。首先，构建高校管理支撑平台，对高校招生、就业等工作开展具有支撑作用，在以往的招生体系中，实现其与信息技术的融合，借助大数据系统掌握学生全面数据，招收优质学生，提升招生工作质量。例如，大数据技术能够清晰知晓学生所在地区、专业、特长等信息，以此信息为高校制订良好的招生计划。其次，立足于学生数据信息，根据学生自身基本情况，为学生构建职业生涯规划，为学生今后学习、工作指引方向，使学生能够在学习过程中发挥自身长处，提升自身综合素养。学生职业生涯规划方案并不是一成不变的，应根据学生在校信息的变化而适当调整，彰显职业生涯规划的有效性。最后，增强财务数据信息的有效性，财务部门借助大数据，增强财务信息的准确性，以精准的数据信息，为高校决策提供有力的数据支撑。

（三）构建互动平台

在大数据背景下，构建互动性平台，推进智慧校园建设的效果提升。高校教育教学的开展需要融入良好的互动，良好的互动促进学生与教师构建良好的师生关系，促进教育教学质量的提升。与此同时，智慧校园的建设，推进产、学、研、实训等活动的开展，也需要融入互动模式，彰显教育的引领性。例如，在校企合作模式下，学生在企业的实训模式，需要与高校教师进行定期互动与交流，使教师知晓学生的实训情况，根据学生的实际情况，帮助学生解决实训过程中的问题。与此同时，在校企合作开展的过程中，高校与企业也应进行良好的交流，因此，需要构建互动平台，借助大数据优势，促进互动平台的构建。

综上所述，从高校教育层面来看，高校以往的教育机制，已经不能够满足大数据时代下的智慧校园建设需要，高校要有效地运用大数据技术，推进自身教育体系的构建，以此提高高校人才培育质量。因此，在大数据背景下构建智慧校园，要以人才培养为导向，突显智慧型人才培育、智慧型社会服务、智慧型文化传承教育效果，进而培育学生成为创新型人才。

第六章　基于云计算背景的智慧校园理论研究

第一节　云计算与智慧校园的建设

在建设智慧校园的过程中，充分利用云计算强大的数据处理功能，将校园的设备、图书、环境等资源进行整合，打造数字化校园，不仅为校园的资源管理提供了便利的条件，也为校园生活增加了色彩。本节从云计算与智慧校园、云计算在智慧校园中的应用、智慧校园基于云计算的架构设计等几方面进行了探讨。

一、云计算与智慧校园

关于云计算的定义，在学术界中有很多，从计算模型上来看，云计算就是把巨大的计算处理程序，经由网络进行拆分，拆分成很多个小的程序，之后传送给服务器，在服务器中进行储存、计算、分析，之后将分析的结果反馈给用户。简而言之，云计算就是自带计算功能，可进行自我维护和管理的一种技术。

智慧校园就是将校园中的各种应用、各种部门，还有复杂的系统进行统一化，使其之间进行资源交换、数据共享。因为各系统可能会出现一同抽取数据的现象，所以计算处理的服务器应该多样化。因此我们可以利用云计算的网络架构，建设智慧校园云计算处理中心，利用云计算技术，对校园的资源进行整合，实现资源共享。

二、云计算在智慧校园中的应用

云计算就是将高校的教学资源、图书资源等进行资源整合，然后以服务的形式提供给用户，其可以提供的服务有运算、储存和一些基础软件服务，同时将大量的资源整合成资源库，为服务提供便利。

（一）应用于基础软件、硬件的管理过程中

在校园中有路由器、服务器、投影仪等基础的硬件设施，但是在购买设施的过程中，会出现所购买的设备并不实用的现象，同时还会出现设备的使用流程与用户的实际使用流程并不符。除了专业教师能够勉强操作外，很多人甚至不会操作。所以我们就应用云计算技术，将软件与硬件进行综合管理，设计出一个操作简单的用户界面，使访问实现智能化，同时还能减少设备的使用量。

（二）将设备、资源与平台进行统一化

由于部分高校的设备更换比较频繁，所以这些设备就有很多不同的品牌和型号，不便于应用。为了将这些设备的功能作用更大地发挥出来，我们可以采取架构的模式，先将设备进行整合，之后应用云计算技术，将设备系统进行统一化，之后再建立一个操作简单的支撑平台。与此同时，我们也可以将其他可利用的资源进行整合，统一管理。

（三）资源合理运用

目前大部分高校，对于信息化建设的投入资金在不断增加，高校购买的设备量也在不断增多，但是大部分高校并没有设置专门的管理人员，所以设备的使用功能，并没有得到充分的利用，甚至有的设备一直处于闲置状态，造成了资源浪费。对于这种现象，我们可以运用云计算技术，将软、硬件设备进行统一化管理，将那些闲置的设备，应用到适当的地方。这样不仅减少了资源浪费，还节省了购买新设备的费用。

（四）节能降耗管理

部分高校在需要某种设备时，就会立即购买，这样就导致许多设备应用过之后，就几乎不再使用，出现了很多的闲置设备，而且这些设备的负载并不高，一般在30%以下。在节假日和寒暑假中，这些设备几乎不会投入使用，但是服务器仍处于运行的状态，这样不仅造成了设备资源的浪费，还造成了能源的浪费。我们可以利用云计算数据中心实现资源多用户运用，将设备资源进行统一整合，在寒暑假时，可以将服务器设置为休眠状态，这样既能节约资源，又减少了设备的购买量。

三、智慧校园基于云计算的架构设计

在对智慧校园的整体架构进行设计的过程中，我们可以通过网络把各种网络设备和应用服务器连接起来构成一个通用的实体，高校的各种服务可分为多个子系统，各系统之间可以实现资源共享、数据交互、访问控制与隔离，还可以根据需求设计一个安全、可靠，便于使用和管理的平台。

（一）数字图书馆"云"环境

该环境一般有两类服务：一类是软件服务，即各类软件的应用，我们可以采用本地安装形式安装图书馆自动化系统、办公自动化系统等，这些都是以一种网络服务的形式提供的；另一类是云存储服务，我们可以把大量的数字资源，存放于"云"上，而不再需要"镜像"于本地，然后利用云计算解决方案，构建满足本地或局部应用的私有"云"平台，最后再利用互联网技术整合服务，实现不同"云"之间的交互操作，查漏补缺，向用户提供更快捷、更贴心的服务。

（二）教学资源"云"环境

该环境主要利用云计算使用集中存储方式，建设个性化数字资源服务系统，为每个教师提供操作简捷、功能完善的资源添加和修改界面；为全校教师提供资源存储空间，方便教师进行资源积累和管理。教师还可以构建个人资源门户，支持优质资源的筛选和共享。个性化集成定制系统提供以共享平台信息资源为主的资源，它可以根据用户的兴趣爱好、专业特点及个性化需求，通过用户定制、系统推荐和推送功能，提供高质量、高水平的多媒体信息服务。

对于智慧校园的建设仍在不断进行过程中，我们应该充分了解智慧校园给教师与学生及高校带来的便利生活，将云计算技术应用到智慧校园的管理过程中，这不仅提高了校园资源的利用效率，还减少了高校的支出，实现了教学等资源的共享。

第二节　基于云计算的智慧校园服务系统

当前，云计算和移动互联网等新生代信息技术的发展，对智慧校园教学管理产生了巨大的影响，对于智慧校园的研究已成为当前教育信息化领域关注的热点。而通过基于云计算的智慧校园支撑服务系统可以更好地将校园的各种数据存储、数据计算、用户认证等进行集中控制和管理，提高校园服务的水平。

为此，本节以基于云计算的智慧校园服务系统的分析与设计为核心，在分析了云计算及智慧校园、建设智慧校园的意义之后，重点阐述基于云计算的智慧校园服务系统的设计，包括智慧校园支撑服务系统的功能需求、智慧校园支撑服务系统的设计原则、智慧校园支撑服务系统的架构设计模型、智慧校园支撑服务系统的拓扑结构设计，希望通过此次系统分析设计可以为类似的智慧校园服务系统建设提供一点帮助。

信息技术的快速发展促进了教育观念和教学方式的变革，从相关的资料来看，在未来十年内，我国智慧校园安全管理应用将展现出职业特征强、业务覆盖全、模块功能多和为广大教师和学生提供"一站式服务"等方面的特性。同时，智慧校园系统的建设将为校园开展各种活动提供巨大的帮助。依托与软件应用相匹配的硬件资源，可使校园的软硬件资源相应发展，完成覆盖校务管理到智能学习各个方面的数字校园的发展需求。此外，在校园管理服务中，采取云计算、物联网、移动互联网等信息技术可以时刻开展个性化教学、智能化教学管理和学习过程的跟踪评价，从而最大化地避免传统校园管理服务中存在的各种问题，为校园教学、科研、管理和生活提供智能化、个性化、便捷化的信息服务。

智慧校园是利用当前的先进信息和通信技术，从校园的集成化、智能化入手，全面提高校园的教学和研究水平，继而全面提升高校管理的有效性和效率，最终实现教育服务社会的功能。近年来，随着智慧校园的提出，很多高校已经开始着手建立智慧校园服务系统来改变学生、教师和校园资源的交互方式，从而提高全面的管理运行效率。

云计算是一种基于网络的计算模型，该技术主要是通过集成网格计算、并行计算、分布式计算、虚拟化和负载均衡技术等，为计算机系统提供超强的计算和存储能力。在实践中，其通过各种集成能力和灵活的服务模式快速、轻松地在不同设备之间共享数据和应用程序。所以，基于云计算技术的智慧校园服务系统可以创新地将各种数据资源集成到资源池中，为智慧校园系统提供各种服务。

一、建设基于云计算的智慧校园服务系统的意义

当前，随着我国物联网技术的发展，其在教育领域的应用推动了数字校园向智慧校园方向的升级发展，使云计算的智慧校园支撑服务系统将校园中的物体连接起来，实现了高校的可视化智慧管理，构建了富有智慧的教育教学环境，

为师生提供了一个全面的智能感知环境和综合信息服务平台。同时，在该智慧校园支撑服务系统中，其针对的人群主要是高校用户，这样不仅可以更好地满足师生工作、学习、生活的需要，还可以通过该系统吸引到更多的学生参与，极大避免了现有校园网中各系统间各自为政和重复建设的问题。因此，在高校的智慧校园建设过程中，通过基于云计算的智慧校园支撑服务系统可以更好地将校园中的各种数据存储、数据计算、用户认证等进行集中控制和管理，统一为上层应用服务，进而将该类系统推广到家庭、企业和全社会。

二、基于云计算的智慧校园服务系统的设计

（一）智慧校园支撑服务系统的功能需求

无论是何种系统的设计，做好系统的需求分析是系统设计的前提与基础，而功能性需求是系统设计中每个系统的重点所在。通过对系统进行功能分析，可以明确系统设计的目标。而对于基于云计算的智慧校园服务系统而言，其主要是解决校园管理中存在的各种资源整合不到位、缺乏规模优势等问题，还有很多系统中存在的建网质量低、网络不畅、带宽不足、访问性能差、等待时间长等问题。通过智慧校园支撑服务系统，可提高整个校园服务系统的工作效率。根据系统的需求分析来看，该系统功能主要包括课程及设备管理、"一卡通"管理、数据存储与计算、统一身份认证、全球广域网服务统一访问等。

（二）智慧校园支撑服务系统的设计原则

基于云计算的智慧校园支撑服务系统设计必须要按照相关的原则来进行，在具体的智慧校园系统的网络设计中，应该立足现有系统硬件和软件情况，完成支撑智慧校园运行的基础网络系统整体方案设计及关键设备、软件的选型工作。我们可遵循以下几点原则。

第一，采用统一标准，严格遵循资源共享原则。在系统的建设过程中，我们应该立足于校园所在的具体情况。比如，现有校园中是否建立了相关信息系统，系统本身是否具有资源的共享性等。之后，在该服务系统建设过程中，充分利用网络基础，充分整合各种信息资源，以此来促进校园服务系统的互联互通、信息共享。

第二，必须要坚持开放性。基于云计算的智慧校园支撑服务系统的设计要融合各种校园的信息系统，因此，在开发过程中，必须要对现有应用系统的开发平台、数据库和运行环境进行统一考虑，包括系统的架构及后续的接口标准

等。同时，在基于云计算的智慧校园支撑服务系统设计完成之后，随着时间的推移，智慧校园网络的资源会逐渐增多，如果对各项应用缺乏有效管理，那么不仅技术升级存在风险，而且维护也会相当困难。所以，在系统设计前期，必须要考虑到未来系统需求的可变化性和可扩展性。

第三，坚持整个信息数据的共享。原有系统缺乏统一的数据标准，各部门业务系统相对独立，系统之间数据难以共享，给各部门的业务处理带来困难。而在信息化发展的今天，需要建立数据共享机制及规范，实现校园数据的共建共享、协同发展与各业务部门的工作流程再造。

（三）智慧校园支撑服务系统的架构设计模型

当前，随着智慧校园的发展和建设速度加快，智慧校园已经成为现代校园建设中的重要方向。通过基于云计算的智慧校园服务系统不仅可以带给学生和教师优质的智慧服务，也可以帮助高校提高管理能力，并且避免了在传统系统建设中存在的系统标准和规范不统一及相关设施和设备不能通用的问题。因此，在基于云计算的智慧校园服务系统的架构设计过程中，必须要紧紧结合系统的需求和设计原则设计整个智慧校园服务系统的架构模型。根据分析，基于云计算的智慧校园服务系统的架构主要分为软件应用层、平台支撑层、基础设施层三个层次。

通过上述基于云计算的智慧校园服务系统的架构设计，我们可以突破传统系统设计中将物理基础设施和 IT 基础设施割裂开的惯性思维，从而通过这样的设计方式将各种信息资源进行全面的整合与集成。比如，在对于校园服务系统的网络融合、信息或数据的集成等。此外，通过这种方式的架构设计，让整个基于云计算的智慧校园服务系统融合进了校园数据信息集成平台、网络融合服务平台，以及标准信息体系和安全维护体系等。

（四）智慧校园支撑服务系统的拓扑结构设计

根据上述分析的基于云计算的智慧校园支撑服务系统的模型来看，系统设计的支撑服务在采用云计算的架构后，系统中各种不同的硬件将在设计中由云计算将基础设施资源进行虚拟化后提供。同时，出于对整个智慧校园支撑服务系统数据安全的考虑，在此次设计过程中主要是采用私有云的方式，部署在校园内部网络中。

在基于云计算的智慧校园支撑服务系统的拓扑结构设计中，主要是使用通用计算机组建小型的海杜普集群来搭建云计算环境，在基于云计算的智慧校园支撑服务系统的设计实现过程中，应该参照当前教育部最新信息化建设标准，在此基础上结合校园教育管理的实际要求，并随项目建设需要将分阶段在该体系框架的基础上进行补充和完善。

在 21 世纪，随着信息技术的不断发展，教育领域进行信息化改革也是顺应时代发展的要求，而基于云计算的智慧校园服务系统是当前校园信息化建设重要的组成部分。尽管本节做了基本的研究，但随着新理念、新技术的不断涌现，必将会有更多的新技术、新方法支持智慧校园发展，在提高高校的管理与教学水平方面发挥重要的作用。

第三节　基于云计算的智慧校园规划设计

随着物联网、云计算、大数据等技术的不断完善，智慧校园已经成为多媒体校园建设的新模式。本节基于多媒体校园建设的现状，提出了一种基于云计算的智慧校园规划设计，为师生提供了一个智能化综合信息服务平台，可以实现对校园的可视化管理，使师生全面感知校园资源，提高资源的利用效率，缩小校际差距。

自从 IBM 公司提出"智慧地球"概念以后，在世界范围内出现一股"智慧城市"热潮，我国许多城市也将"智慧城市"建设作为新型城市建设模型，而"智慧校园"是"智慧城市"建设的重要组成部分。智慧校园是信息化发展的新阶段，而云计算等技术为智慧校园的发展提供了强有力的技术支持，推动着信息化教育的跨越式发展。智慧校园通过综合信息服务平台，集中了校园的系统信息资源，为师生提供了全面协同的智能化感知环境，并最终实现了教学资源的动态分配和信息服务的自助化获取。

一、智慧校园的设计需求和原则

（一）智慧校园的设计需求

1. 建立统一管理平台

智慧校园的建设包括很多的子系统，其建设周期长、规模大。智慧校园的目标是建设一个包含资源共享、信息汇集、应用整合和综合运营的统一管理平台，可以提供集成服务，有效改善高校各部门信息资源的封闭和垄断的现象，实现校园资源的共享，整体提高教育信息化的建设水平。

2. 建立信息融合平台

信息融合是智慧校园建设的核心，其包括身份标识、感知信息和应用数据等的融合，可以为智慧校园提供综合的信息集成与应用能力。信息融合平台通过重组、加工、变换等方式整合信息数据，统一信息管理，提供信息服务。该平台能够为智慧校园建设教学资源共享体系，为学生提供可全面感知的教学资源。

（二）智慧校园的设计原则

①统一标准，实现教学资源的共享。

②坚持开放性原则，智慧校园建设要对各应用系统的开发平台 / 数据库等进行统一的考虑。

③建设一个可持续发展的、先进的智慧校园。

④在智慧校园建设过程中要充分考虑系统安全性问题。

二、智慧校园的建设架构

智慧校园的建设关键是打破传统的将 IT 基础设施和物理基础设施分裂开的方法，将各个应用系统的数据和信息资源进行有效的整合与集成。从数字校园到智慧校园，不但要融合全新的服务理念，还要具备全面的管理信息和业务的共享机制，不断优化流程、提升管理水平。在借鉴很多国内外智慧校园的规划设计基础上，本节提出了一种基于云计算的智慧校园规划设计模型。

三、智慧校园的建设技术

（一）基于云计算技术的智慧校园体系架构

云计算技术是通过强大的实体基础架构平台提供云计算服务的，其主要内容有基础设施即服务、平台即服务、软件即服务。云计算技术融入高校、教育机构和个人信息存储之中，这将给校园网络应用带来很大影响。一方面，学生可以通过云计算平台自由选择各种形式的学习资源，利用网络中的信息资源和服务。另一方面，教育管理人员和教育科研人员能更好地管理教学资源，了解教育效果，还可以开展科学的教学设计，优化教学流程。采用云计算的模式可以充分整合现有的硬件资源，降低软件的开发和采购成本，在有限的资金和时间等条件下进行校园网络建设。

（二）基于云计算的智慧校园解决方案

智慧校园是在数字化校园基础上发展起来的一种校园模式，智慧校园的解决方案应该从两个方面来考虑。

在硬件建设方面，要充分利用具有智能感知特点的物联网基础设施，从实验室、教室、图书馆、学生宿舍、食堂等各个生活、学习区域进行布局和建设，实施校园"一卡通"，把师生的饭卡，水卡，电卡，手机卡，图书馆借阅卡，宿舍、教室、实验室钥匙等实行集成统一，构建智慧校园后勤管理与服务信息化校园环境。另外，有了各种智能感知的硬件建设基础，高校教学管理人员就可以自动收集各类教学数据。例如，师生到课率，实验室、多媒体教室使用率等，在课题申报、科学研究、项目结题、财务管理等多个环节自动生成数据库并进行分析。

在软件建设方面，其实质就是各类通信技术和计算机软件技术的开发应用、整合与优化，如云计算、物联网、互联网、信息技术、3G互联网、传感技术等。客户关心的是使用体验和智慧校园带来的便利，软件建设是智慧校园技术人员考虑的问题，目标是在智慧校园中，各类资源、软件、系统要融通，统一接口，实现数据集成与共享，消除"信息孤岛"，建立开放、互动、协作的智能化综合信息服务平台。智慧校园底层的支持模块由全球广域网服务器、应用服务器群和后台数据库组成，这些设备通过云计算实现网络互联，各种复杂应用都封装到多个虚拟机上，不同类型和层次的应用分类安装在不同的虚拟机模块上。

第四节　基于云计算和物联网的智慧校园

数字校园的引入，初步实现了高校的信息资源整合与应用集成，但其还不足以支撑面向最终用户的服务。本节剖析了智慧校园这一当前高校教育信息化发展的更高形态的内涵与特征，遵循以用户服务为中心的原则，阐述了当今智慧校园建设需要运用的技术和方法，逐步提高信息化建设水平，逐渐实现大范围教育资源共享，最终实现数字校园向智慧校园的转型。

信息化教育这种崭新的教育形态，是教育信息化发展到一定阶段必然会有的产物。为了达到师生和管理者有效利用更全面的教学资源，获得互动共享型学习生活环境的目的，中国许多高校在云计算和物联网等技术的推动下提出了"智慧校园"的理念，并随着理念的深入，逐步建立一个开放型的智能综合信息服务平台，有效改善了校园信息化服务质量。充满智慧的信息化校园必然会成为教育行业信息化建设的主流方向。

一、数字校园概述

数字校园是高校的教学、管理在信息技术发展的不同阶段下不同深度的信息化应用管理的体现。时至今日，数字校园的最高水平是基于互联网下的校园信息化平台，用户不再经受因不同的管理系统多次登录形成的烦琐操作。这对高校教学及管理的信息化而言功不可没。通过回顾并重新审视数字校园的建设过程与应用效果后，我们会发现，数字校园还不是高校信息化发展的终极目标，还没有达到信息化发展的高级阶段，在如今的建设与应用过程中仍存在一些问题。

①信息门户平台与部门管理系统的业务和数据整合是数字校园建设的主要聚焦点，在教与学方面融合度不够，难以推动教学模式的变革。

②可能牺牲了业务部门管理信息系统专业性和可扩展性的大集中式、并发试的建设，使许多管理系统未达到应用效果。

③数字校园服务模式过于单一，从整体上体现的还是依赖被动处理的管理思维，导致其对最终用户的服务支撑能力依然偏弱。

④校园内外信息交互性不强，难以形成覆盖高校内外各项活动的整体联动的信息化应用环境，访问方式存在局限性。

这些问题在一定程度上阻碍了信息化教育的发展，为了建设更好的合作关系和体现更好的服务理念，达到用户的利益最大化的目的，我们认识到从数字校园向智慧校园转型是接下来高校信息化建设的重中之重。

二、智慧校园概述

（一）智慧校园的起源

在教育信息化进程中，智慧校园是基于数字校园理念而提出的，其中"智慧"则源于"智慧地球"。2009 年 1 月，在美国前总统奥巴马就任总统的第一次美国工商业领袖圆桌会上，IBM 总裁兼首席执行官彭明盛提出了"智慧地球"这一理念。与此同时，温家宝在无锡视察中国科学院无线传感网工程中心时提出了"感知中国"概念。

2010 年，浙江大学于其信息化"十二五"规划中最先提出了"智慧校园"

的概念，不久南京邮电大学即制定了一个有关"智慧校园"的发展规划。浙江大学智慧校园的规划蓝图是，网络学习无处不在、网络科研融合创新、校务治理透明高效、校园文化丰富多彩、校园生活方便周到。南京邮电大学智慧校园的核心特征则反映在三个层面：一是提供基于角色的个性化定制服务，即为广大师生提供一个全面的智能感知环境和综合信息服务平台；二是在该校的各个应用服务领域融入基于计算机网络的信息服务，实现互联和协作；三是通过智能感知环境和综合信息服务平台，为高校与外部世界提供一个互相感知、交流的接口。

此外，在高校大规模覆盖的校园网为智慧校园的构建奠定了坚实的基础。但是，高校普遍存在的资源共享局限性使信息互通成为难题。因此，改变现有的资源分配状况迫在眉睫，也只有真正杜绝"信息孤岛"，实现规划蓝图上的资源共享，才能促进高校信息化快速健康发展。

（二）智慧校园的特点

智慧校园在传统的教学、学习、生活和服务模式等方面正在发挥着作用，可总结出以下特点。

①智能化的设备监控与管理。以物联网技术为支撑的管理有效减少人工执行量，合理化资源配置，并提升结果的可靠性。

②灵活的数据辅助。校园应用系统中积累了大量统计数据，在这些数据的基础上构建的数据模型，可通过数据分析等手段，获取所需的维度数据、汇总数据、细节数据和切片数据，以辅助领导进行决策。

③信息服务无盲区。园区内的每一个角落都可随时随地访问互联网络，使用各种信息服务。

④信息推送与主动服务。传统信息化是人们根据自己的需求搜寻信息，而智慧应用利用现代化的技术手段实现个性化信息的主动推送，以用户为中心组织信息与服务，从而达到"信息找人，按需服务"的目的。

⑤丰富的访问渠道与手段。除了传统的台式电脑可访问网络外，用手机、平板电脑、电视等多种终端都可以访问互联网、信息门户，获取个人所需信息，建立联系网络。

（三）智慧校园的内涵与特征

祝智庭教授指出，智慧环境、智慧校园是智慧教育的理解图式的学习空间，发展学习者的智慧是智慧学习、智慧教学和智慧环境的出发点和归宿，这是对"智慧"和"智慧教育"的一次辨析。

就智慧校园的内涵与特征而言，不同研究领域的专家学者也都有着各自的理解。物联网技术专家偏重于智慧的智能感知功能，认为智慧校园是以物联网为基础的、以感知或挖掘的信息相关性为核心的信息化应用模式。教育技术学专家侧重于智慧学习环境与智慧课堂等教学方式的改革，认为智慧校园是基于新型通信网络技术构建资源共享、业务流程、智能灵活的教育教学环境。高校信息化建设专家则认为应突出智慧校园的应用和服务，认为智慧校园的建设不仅是偏重于感知部分物联网技术的应用，还应更多考虑技术的特点，突出应用和服务。

为了实现包含"智慧服务理念"的设计，我们需要注重高校管理者及高校用户与信息化的双重融合。一方面需要使信息化观念深入高校每一个管理者的心中，使信息化与其决策管理深度融合，即将高校发展规划的顶层设计与信息化建设的顶层设计衔接合一，促进高校教学、管理整体水平的提高，促进高校的信息化建设；另一方面需要实行用户主义，以人为本，不管是内部需求还是外部环境，都应在实施前分析用户的需求，然后平衡管理者和技术的要求。

综上所述，我们认为，智慧校园环节最终目的是向用户提供更好的服务。综合表达智慧校园的内涵，即以用户为中心，以服务为核心，充分共享校园信息，深度融合现实社会。

（四）智慧校园的应用

智慧校园在以人为本、以服务为核心的理念下，其应用可以由以下几点表现出来。

①在新生进入大学校园时，将他们的手机连接物联网，手机就成为此后该生在校园中的身份识别及支付终端。

②智慧校园给新生带来了方便与乐趣。入学手续刷卡即可完成，如新生报到、入宿登记、缴费、领取军训服装等手续，有效地提升了入学手续的办理效率。

③智慧校园伴随着新生走完不同流程，如将信息发送到新生手机上，帮助新生尽快完成入学流程。同时，智能化迎新系统这一智慧校园的重要环节，将网上招生系统与学生管理系统高效地联系起来，使高校可随时获取新生的报到动态，便于进行管理。

④智慧校园可以使高校实现门禁，通过身份识别的方式，保证学生安全。

⑤上课、考试的考勤也不必再点名签到，智慧校园将每一位学生的实时考勤信息进行准确无误的统计，再通过物联网及时反馈给教师。

⑥实现智能控制、实时监控，如教师的灯和电扇，实验室的计算机和仪器，

宿舍的电和水等，控制人员可利用智慧校园系统远程操作，同时可以设定时间范围，让系统自动完成。

⑦智慧校园还可应用于图书馆借还书，教师停车位，学生自行车位，公共设施的安全与保护等方面，在真正意义上实现智慧校园下的高校资源及教育资源的完美结合和利用，真正将用户的方便和安全落实到位。

三、智慧校园的相关技术

云计算和物联网是两个新兴的名词，它们之间是平台与应用的关系。物联网是云平台所支持的一种应用；而物联网的发展依赖于云计算，云计算系统的不断完善使海量物联网信息的处理和整合成为可能。同时，云计算也促进了物联网和互联网的智能融合，为构建智慧校园乃至智慧地球奠定了基础。

基于云计算技术构建高校校园私有云——校园云，结合物联网技术构建智慧校园，可以为实现高校跨越式发展做出贡献，为学生、教师、教学管理与校园生活提供智能应用的便利。

（一）物联网

物联网是指在物理世界的实体中部署具有一定感知能力、计算能力和执行能力的各种信息传感设备，以实现广域或大范围的人与人、人与物、物与物之间信息交换需求为目的，通过网络设施实现信息传输、协同和处理的互联网络。物联网技术的核心特征是广泛的感知、互通共享，以及智能服务。在这个网络中，物品与物品之间能够进行交流，而不需要人为干预。物联网也因此被称为继计算机、互联网之后的世界信息产业发展第三次浪潮。

（二）云计算

云计算是基于互联网的相关服务的增加、使用和交付模式，涉及通过互联网来提供动态易扩展且虚拟化的资源。云计算的基本原理是，通过使计算分布在大量的分布式计算机上，而非本地计算机或远程服务器中，企业数据中心的运行将与互联网更相似。这就使企业能够将资源切换到其所需要的应用上，根据需求访问计算机和存储系统。"云"也是网络、互联网的一种比喻说法。

（三）云物联

《物联网导论》一书中将物联网及云计算的关系描述为，物联网中的感知识别设备（如传感器等）生成的大量信息如果不能有效地整合与利用，那无异于入宝山而空返，望数据的海洋而兴叹。云计算可以用来解决数据存储、检索、使用且不被滥用等重要问题。

综上所述，我们可以看出，物联网因云计算这一平台的支持而拥有更广泛的作用和能力，在我国的使用频率也逐年递增。同时，随着物联网和云计算的发展，其联系会越来越紧密，云计算承载物联网有着不可小觑的未来和更加广阔的发展空间。

四、智慧校园的建设方向

发展智慧校园不仅仅需要各种信息化新技术的坚实平台支撑，更应有一个完善全面的策略引导其建设方向，从而使智慧校园的发展更具有方向性和正确性。在目前转型的关键时期，智慧校园建设应从以下五个方面进行完善。

第一，与高校发展的实际情况有效结合，提高信息化的一致性，以及信息间的协作性。在当今社会，由于多数高校对信息化工作的相关性以及重要性的认识不足，使信息化建设仍处于辅助甚至边缘的角色。而建设智慧校园，需要使对信息化部门的管理与监督达到一个完善全面的地位，统筹高校资源与教育信息。

第二，以改进教育教学质量为重点。纵观智慧地球、智慧城市等概念不难发现，智慧校园的不同在于其特有的属性"教育"。所以当下智慧校园建设的重中之重就是通过各种模式来提高教育的质量。因此，我们应结合信息化的教育模式，再注入创新思维方式，从根本上融入智慧校园的发展建设中。

第三，全面提高师生在智慧校园中的参与度与互动反馈能力。智慧校园的内涵及特征要求师生转变传统的信息应用模式。从智慧校园中用户本身的角度看，他们应提高主动性与积极性，要从被管理向主动应用与反馈转变，使信息化服务保持持久生命力和持续的发展能力。从智慧校园教学模式的角度看，教师是教育的主导者，他们应持续提升自我能力，了解并掌握最新的教学模式和方式，合理有效地激发学生的学习兴趣，同时学生也应该主动参与，协助开辟创新性的教育模式，主动反馈，加强师生间的互动。

第四，注重技术与应用的相互融合。高校应把解决用户的实际应用需求作为出发点，将信息化技术作为基本工具和手段，坚持"以人为本"的智慧校园发展理念，逐步建立规范化、准确化的用户模型及反馈机制。此外，智慧校园建设离不开完善的新型技术，技术之间应互相融合。

第五，引导科学探究式学习，实现协作交流与资源共享。基于物联网构建的信息化课堂，通过采集数字信息等，学生将获取更多的知识、技能和经验，使教学真正地从重视知识传授的传统方式向重视培养学生科学素养的探究性学习方式转变。而这一构建模式需要物联网技术提供支持。高校的跨区域实验课程和研究性活动都可以通过网络平台实施，达到跨区域资源和协作共享的目的。

　　智慧校园的发展和创建是当今高校完善自身教育体制，落实信息化教育，提高自身竞争力的重要途径。智慧校园的构建使高校、社会与自然直观地连接在一起，在理论与实践之间架起桥梁，在实现资源共享，丰富校园生活方面有着重大的意义。然而智慧校园不是一蹴而就的，必须在结合智慧校园内涵及特征的基础上，在相关物联网及云计算技术的支持下，在现代化教育理念等理论的指引下，以用户为本，以服务为核心，精心设计，因校制宜，师生共同参与，主动反馈，才可以真正提高人才质量。智慧校园的构建还存在着一些问题有待解决，相信随着云计算、物联网技术的不断成熟，技术和管理对用户逐渐透明，最终可达到促进教学改革，实现教学效果的目标。

第七章 基于云计算背景的智慧校园建设

第一节 基于云平台的智慧校园数据中心设计

智慧校园的建设已经成为校园信息化建设的一大主流趋势。智慧校园的建设是以物联网、云计算、大数据分析等技术为核心的，使校园工作、学习和生活智慧化的一体化环境。这样的一体化环境就是要构建一个安全、稳定、智能的校园。智慧校园建设的核心是一个高校稳定、可扩展的数据中心。而建设一个安全稳定的智慧校园需要一个强大的数据中心来支持。这个数据中心不仅仅承担了整个系统的运行工作，还要承担起系统各模块之间的数据交换、分析和处理工作。云平台也称为云计算平台，其能够提供计算、网络和数据存储的功能。智慧校园的数据中心对于性能和稳定性的要求很高，而云平台能够提供数据计算、网络和数据存储的功能。基于云平台设计的数据中心能够很好地处理这些问题，承载智慧校园系统的庞大数据。所以，基于云平台设计的数据中心是能够服务于智慧校园系统的。

一、智慧校园数据中心的核心模块

（一）云存储模块

云存储是云平台技术的存储、网络和数据处理三大功能之一。基于云平台的数据中心设计首先要进行设计的模块就是存储模块。其主要设计思路是以分布式文件系统为基础设计一个能够为智慧校园提高存储能力的平台。这个模块具体包括三大部分：①服务管理存储，包含文件系统的接口、文件操作、集群节点管理；②系统容错机制设计，主要负责系统的节点故障管理；③系统的扩展性设计，包含集群性能优化和空间利用率优化。存储系统是数据中心的基础，根据智慧校园业务的不同，需要设计不同的存储架构。智慧校园的数据中心存储模块设计可以根据实际情况，分别在磁盘、私有云和公有云空间设计不同用途的数据存储模块。

（二）网络管理模块

网络管理模块是实现智慧校园中设备与设备之间深度联动的基础。设计思路是以软件定义技术为基础的，通过设备之间的联动设计实现动态的负载均衡，主要完成状态感知功能和后端业务设计。网络管理模块是各业务系统通过网络进行连接的基础，而本节设计的网络管理模块主要是针对流量突发和后端设备故障的情况进行网络监控管理和处理。

（三）数据分析模块

智慧校园的运行需要数据中心对大量的数据进行分析和处理，而这些数据的来源多，数据内容和格式繁杂。本节设计的数据分析模块主要是通过一个通用的计算模型来简化数据处理过程的操作。数据分析模块是对于智慧校园中的数据分析、业务处理提高质量保障的平台。这个模块的主要设计思路是设计一个计算框架，包含数据清洗功能设计和数据分析功能设计。数据清洗功能负责对于各种来源的数据进行处理，使之符合要求，数据分析功能把清理之后的数据输入计算机中进行计算，然后输出正确的分析结果。这样的设计能够避免出现数据被重复处理的情况，提高了数据中心的处理效率。

二、智慧校园数据中心云平台设计的架构

（一）基础设施层

基础设施层主要是由服务器、网络设备、存储设备、安全设备和备份设备组成的基础服务设备群组。数据中心的架构不仅仅依靠云存储和云计算，还要整合校园中的所有硬件设备和软件设备构成数据中心的基础设施层。这些基础设施能够保证数据中心的安全稳定运行。

（二）虚拟资源层

虚拟资源层可以更好地实现资源的统一管理和共享。其主要是在虚拟数据中心中，按照校园组织和业务需要进行灵活分配，构建一个有一定逻辑性的数据中心。为智慧校园提供最合理且人性化的资源共享和分配方案。虚拟化技术是为了更好地实现云服务，将各种分散的硬件资源进行整合，然后根据需要进行动态调整。可以说，虚拟资源层是把服务器、网络、存储等模块之间的实体

障碍都打破，使智慧校园系统能够最优化地应用资源，同时也能够为数据中心的数据存储和数据处理提供多层面的支持，让数据中心的处理能力得到提升。

（三）云服务统一管理层

本节涉及的云服务统一管理层采用的是华为的云管理平台。伴随着数字化转型的浪潮，由于业务、安全、成本等多方面因素，物理机制和虚拟化环境长期共存、私有云和公有云长期共存的云服务背景需要一个开放的云管理平台，来实现资源调度与管理的自动化，并且为上层应用按需、自助、敏捷、弹性地提供云服务。云服务统一管理层是针对目前云平台的多样化和数据中心的安全性而构建的统一管理模块。云服务统一管理层能够让数据中心更好地为智慧校园系统提供数据存储、计算和输出等功能的支持。智慧校园的数据中心对于性能和稳定性的要求很高，而基于云平台设计的数据中心能很好地承载智慧校园系统庞大的数据处理工作。未来一定会有越来越多的数据中心在云平台技术基础上进行设计。

第二节　基于云计算背景的智慧校园外语移动学习智慧平台

我们以云计算、物联网技术及校园无线网络技术为基础，为提高外语学习的效果搭建了外语移动学习智慧平台。物联网支撑的外语移动学习智慧平台能够较好地满足外语学习所需的情景感知、交互语境和协作学习，改革了传统教学方法，培养学生的协作学习能力，并为智慧校园发展提供较好的基础。片段式移动学习方式较好地解决了移动学习过程中时间不连续及环境变化的影响问题，将先进的教育理念融入物联网、云计算等新技术中，使移动学习变成一种主动的、建构性的学习过程，满足了学生的需求。

云计算作为较成熟的技术在各领域得到广泛应用，为教育信息化带来全新的模式，其主要体现在智慧化和服务化方面。人们获取各类实时、高效的信息资源的需求不断增加，智能移动设备为人们的生活和学习带来较大便利，使学习变得更加简便和智能化。移动学习具有移动性、个性化、知识性、交互性、时间碎片性、外语教学实用性和趣味性等特点，可以调动学生的积极性，尤其体现了学生的主体地位。因此，移动学习将成为新的、高效的学习和教学模式。欧洲和北美地区对移动学习的范围、内容做了较广泛和深入的研究，但真正大规模的移动学习应用较少，目前还处于起步阶段。移动学习的研究重点是解决移动学习中教与学的关系、富有成效的学习方式、对于学生的教学引导模式和移动学习资源的开发与建设等方面。

云计算是采用网格计算和并行计算等网络计算方式将数据和信息通过网络存储、虚拟化存储在服务器上，是传统计算机与网络技术融合的产物。云计算将部署在各地的计算资源，通过互联网络，按照一定规则组织在一起，即通过云整合互联网上的软硬件资源，将各种资源统一部署在云端进行管理和服务，采用分布式和虚拟技术形成计算资源池，提升超级计算及存储能力。后台服务器通过云计算进行大量的计算和存储工作，而移动智能终端的软件功能、存储能力和计算能力不受限制。建模预测、数据挖掘等数据处理技术广泛应用于云计算领域中，应用系统可以根据实际需要获取存储空间、计算能力及软件服务，以深入高效地挖掘信息，及时适应需求的变化。

一、物联网技术概述

美国麻省理工学院 Auto-ID 中心认为物联网是采用产品电子码标准，基于互联网技术、无线数据通信及射频识别技术等，实现全球物品信息实时共享的实物互联网。物联网通过在各类日用品中嵌入短距离移动收发器，随时随地地将人与人之间的沟通连接到人与物之间、物与物之间，人类的信息和通信将达到全新的沟通维度。目前，国内普遍引用的物联网定义是，采用各类信息传感设备，如红外传感器、激光扫描、射频识别及全球定位系统等装置，与互联网结合生成巨大的网络，将所有物品与网络连接起来，方便识别和管理。物联网将网络中人与人的互联扩大到包括物在内的所有事物间的互通，它不仅仅使现实中的物品互通，也实现了虚拟世界与现实世界中事物的互联，有效地实现人机交互、人与物品交互、人与人社会性的交互等。物联网技术作为智慧校园建设的重要支撑技术，其应用将现实存在的物品自由互通，实现三维空间与虚拟信息空间的互联互通。在教学环境中，所有物品都变得可网络化、可数字化和可视化，学生在学习过程中能够感知到自然真实场景。物联网技术的应用将提供泛在服务，有效拓展学习空间，学生能更好地将理论知识与相关实例有机结合。

二、智慧校园概述

智慧是指对事物能迅速、正确、灵活的理解和进行解决的能力。智慧校园是以智慧平台为学习和管理的环境，以物联网为基础的校园应用。黄荣怀将智慧校园作为数字校园的跃升，智慧校园将进一步支持与提升教学模式与水平，展现多元校园文化，对高校的时空维度进行拓展，把面向服务作为智慧校园的基本理念，基于计算机、无线网络技术构建资源共享的、智能的教育环境。智慧校园具有网络无缝互通、环境全面感知、开放学习环境、海量数据支撑及师生个性服务五个特征。大数据是智慧校园的根本，是数据分析的前沿技术，它可以从多样的数据库及海量数据中迅速获取有价值的信息。采用大数据技术深入挖掘与分析高校的数据资源，可以为高校政策制定提供更有效的数据支持，还能够在因材施教、生活服务和舆论监督等方面发挥重大作用。目前，智慧校园的解决方案还处于探索阶段，没有在技术上建立统一的技术规范和系统架构。

三、外语移动学习与效果

（一）情景感知的交互语境与协作学习

外语习得的基本条件是语言交际，交互式学习语境是双方或者多方学生参与交际的语言学习环境。利用网络技术构建的外语语言学习平台，通过计算机将学生的声音语言与肢体语言转换为系统图像与声音，可以使学生通过语言的动作图像及声音与网络另一端的真实学生进行交际练习。外语交互语境需要采用上下文感知计算技术，即情景感知技术。上下文描述历史的、动态变化的分层信息，由历史决定一系列的变化关系，通过感知环境进行即时交际语义的完整体现。因此，情景感知技术是人际情景交互实现的重要基础和核心技术。

（二）移动学习效果分析

学习效果分析是对学生及学习情景的数据进行收集、测量、分析和报告，以更好地理解及优化移动学习情景，提高学生学习效率。学习效果分析能够为教师设计教学方案、进行教学优化提供技术支持，也能够为学生自我导向学习及自我评估提供有效数据，为教育研究者进行个性化学习设计及提高研究效率提供参考数据。对学生个人信息及其情景信息内容建模，通过交互文本及系统日志可以得到学生学习过程中的各类数据信息，通过社会网络分析法、参与度分析法及内容分析法等自动化交互文本分析技术，获取学生关注的学习内容、参与度、社会网络、课堂行为信息、学习资源利用情况及学习情况等，这是实现学习分析的核心。学生可以通过移动学习平台根据自己的实际情况进行个性化的服务订制，订阅自己关注的内容，从而实现自主学习。

四、外语移动学习智慧平台设计

基于云计算的外语移动学习智慧平台将校园内的各类学习资源进行更细致地分类整理,为师生提供便捷的学习、交流平台,帮助师生实现随时随地查询、咨询和处理教学、学习及校园服务信息等。该平台为上层应用服务,将数据计算、数据存储、用户认证等进行集中管理和控制。该平台包括服务器端和客户端,服务器端接收、存储、处理系统数据,客户端安装于用户的移动智能终端上,学生使用移动智能终端存储、分享信息,该平台通过终端为学生提供具体指导。该平台采用面向服务的多层架构模式,将高校的数据、资源、信息及业务流程,按基于服务的方式进行整合,使平台有较强的适应性、可维护性、可扩充性及易用性。

移动学习智慧平台涉及多个因素,其系统功能模型包括移动用户网站、智能移动设备、用户、内容、位置及导航、多媒体传输、上下文、协作与交流、远程支持等。系统需要采用不同技术来研发,不同技术开发的组件需要相互兼容。系统需要在不同类型的智能移动设备上运行并兼容,平台的开发需要关注层次间服务的可操作性,可以在不同功能模块间执行程序、通信及传输数据等。

外语移动学习的语境是多种多样的,各种语境需要脱离传统的课堂形式,满足真实语境的需要,随时随地为学生提供其所需的信息,并为学生提供可供选择的学习协作伙伴。该平台采用情景感知技术建构外语交互语境,实现真实的情景语境。其工作流程为,在学习过程中,上下文利用传感器为学生提供学习情境,学生用内置射频识别技术的移动智能终端读取数据,通过传感器采集学生及交互伙伴或交互空间的原始数据,根据数据进行计算,上下文状态由一系列上下文特征采用可扩展标记语言(XML)表示,并形成 XML 文档传递给平台的其他部分,判断其是否符合上下文预测系统要求,推理结果驱动交互,并显示于自适应终端。该平台实时检测学生的学习效果,可以从相关数据库中读取更多的学习信息,并传送给学生使其进行深入学习。情景感知技术感知并控制计算环境中会影响交互过程的情景因素,是计算系统决定反应结果的依据。上下文分为设备上下文、环境上下文及用户上下文,上下文感知是计算系统对上下文内容、变化及历史进行智能感知及应用,根据上下文调整学生的行为。移动智能终端作为学习设备具有一定的局限性,考虑到移动学习时间零散化,移动学习内容片段化,应使用设计简单、短文本及少输入的移动学习资源。移动学习资源与教学目标及学习需求紧密结合,并对学习活动进行设计,贯穿教学设计的思想和方法,发挥移动技术优势,重视学生的移动学习体验。

外语学习需要充分利用碎片时间,随时随地获取知识与信息,移动学习具有独特的优势。以学生为中心，采用云计算和情景感知技术挖掘用户的有效信息，通过决策系统提供更优质的服务，可使学生利用移动智能设备更真实的、人性化的体验进行移动学习。在后续的研究中，我们将建立完善的平台安全保密系统。外语移动学习智慧平台作为一种新生事物，目前处于探索阶段，它代表未来校园的建设理念，外语教育及外语学习形态也将发生变革。移动学习将为教育领域带来深远的影响，具有广阔的发展前景。

第三节　基于云计算与移动技术的智慧校园

教育信息化是当前教育发展的主流趋势，也是校园建设的主要任务与目标。在教育信息化条件下，如何应用云计算、移动技术等构建智慧校园，并实现数字化向智慧化的转变，已经成为校园建设必须要面对的问题。本节对云计算与移动技术做了简要介绍，主要讨论了基于此技术的智慧校园建设方案，并对其发展前景进行了展望，以期能为相关研究提供参考。

在现阶段，多数院校在教育信息化方面已经取得了明显进展，如建设覆盖全校的无线网络系统、教学管理系统、教务系统，以及涵盖各个专业的数字图书馆系统。但是，因为尚未对各个系统进行统一规整，所以资源共享性、信息实时性、数据统一性、登录界面一致性不足，这严重影响了教育信息化的发展与智慧校园的建设。通过云计算与移动技术，可实现系统的规整，建立多位一体的智慧校园平台，从而推进教育信息化的发展。

一、云计算与移动技术概述

所谓云计算，简单来说，就是由第三方通过互联网提供的计算服务，它是传统计算机技术与网络技术发展融合的产物。从宏观角度上讲，云计算指的是第三方依靠建立网络服务器集群，向不同类型的用户提供软件应用、数据存储、计算分析、硬件租借等不同类型的服务，如三大运营商依靠建立校园网向教师、学生、高校管理层提供上网、档案存储等服务。

所谓移动技术，说的就是基于移动设备的数据交互通信技术。在当前来看，就是 4G 与 5G。前者适用于移动数据、移动计算与移动多媒体的运作需要，拥有高数据传输速度与高智能性，也可提供高质量的通信服务。而后者不仅具备前者的所有功能，还可承载人与物、物与物之间的通信需求，可支撑大量终端，又可使个性化、定制化成为常态，真正改变无线网络的困境。目前，大多高校已基本实现 4G 与无线网络全覆盖。

二、基于云计算与移动技术的智慧校园建设方案

（一）总体设计

　　智慧校园建设，首先，要考虑的是高校现行的教学管理模式、组织结构与办学特点，以及师生对于高校网络与各种管理系统功能的实际需求，优化系统功能，加强网络建设。其次，要考虑各种管理系统的信息交互性、实时性，创造便捷的交互渠道。再次，要考虑高校各种档案数据的安全与师生的人身安全，强化网络防火墙建设，构建覆盖全校的监控系统。最后，要考虑对各种系统功能的拓展，以便于升级与更新。由此，可以得出智慧校园的总体设计框架：以信息化、网络化、数字化为目标，以网络环境为基础，建设涵盖校园每个教育教学环节与管理环节，以及当前所用的各种管理系统的统一平台，高校所有教职工、学生都依赖于这一平台进行学习、交流与生活。

（二）教学系统建设

　　教学系统包括教学管理系统、图书馆及实验室系统等部分，在其建设过程中，需要基于云计算与移动技术建立统一的门户平台，以实现对这些分系统的集成应用。该平台有五种登录页面，按角色划分权限，提供有针对性的服务，如管理员可对平台进行测试、维护与系统更新，教师可从平台中向学生发放如毕业设计题目、实验题目等任务及学习资源，学生可从平台中搜索、购买各种学习资料并上传作业与学习成果，高校管理者可对平台信息进行更新，而游客只能从平台中了解到高校大致信息。另外，该平台只需用一个登录账号及密码就可进入各种分系统，避免了师生在多系统间游离的局面，如学生用学号与自设密码，教师用高校统一派发的账号与自设密码。

（三）风险监控系统建设

　　风险监控系统包括信息安全监控与校园安全监控系统两部分。此系统具有如下功能：对校园教学系统、公共场所进行全面监控，预测可能出现的信息安全风险，对其进行自动排除，对校园监控异常情况进行警报，预防校园袭击事件；对校园重要场所进行监控，以防信息泄露与设备损坏。在其建设过程中，需要基于云计算与移动技术建立统一的身份认证平台，以保证信息安全与校园安全。该平台能够对各类网络访问进行安全审计，并以校园卡、身份卡认证的方式，识别可疑人士。值得一提的是，风险监控系统功能与统一身份认证平台功能的实现，依赖于校园监控设备与网络防火墙。因此，高校还需加强这部分的建设。

（四）校园网建设

校园网包括 4G 网络与无线网络两部分，在其建设过程中，需要安装与高校规模相符的网络基站与无线路由器，并定期对其进行升级与更换。在一般情况下，高校都会将校园网的建设外包给运营商，这就涉及校园网的使用资费问题。不少高校对学生的网络流量有所限制，超出一定数值如 20G、50G 就会收取更多的费用。而学生又会在网络上花费大量时间学习、娱乐，所以他们的生活费有相当一部分都用来支付上网费。对此，高校应当适度调整网络收费标准，在其能力承受范围内尽可能地给学生优惠。

三、基于云计算与移动技术的智慧校园建设前景展望

我们可以将云计算与移动技术的联合应用称作移动云计算，在此技术下，智慧校园正在实现从数字化向智慧化的转变，逐步成为一个泛在共生教育社区。而"互联网＋教育"则成为教学研究、教学模式改革的主流，教师在网络环境下开展以课例、案例为载体的教研活动，从学科中心转向问题中心，解决问题所存在的多种可能取向。另外，资源云被广泛采用，给师生提供新的沟通渠道及更多的自主创新选择，实现教学资源的共享，实现学生不同阶段的信息互联，为高校教育信息化发展与管理奠定数据基础。在这样的发展形势下，信息素养会成为师生必备的关键素养，信息化能力的提升会成为他们发展的必要条件。

基于移动云计算的数字校园建设，需要对当前的校园情况及师生的实际需求进行全面考虑与分析，在优化硬件设施建设的同时，加强网络环境建设，同时，对分散的各种教学系统、风险监控系统进行规整、统一，从而推进教育信息化的发展。

第四节　构建基于云网络的智慧校园建设

高校的数字化随着信息技术的发展而不断发展，特别是对校园内的信息共享、运算、传输、存储等要求也越来越高，逐步向信息融合、集成、虚拟化推进，应用云计算与网络的优势来实现校园的智慧化已经成为校园信息化建设的必然趋势。本书分析了高校在信息化建设中存在的问题，针对实际情况提出应用云计算与网络实现智慧校园的发展方案。

根据国家教育改革和发展信息化建设要求，要以建设教育信息化基础设施与人才培养为基准，以教育信息资源建设与开发应用为重点，以提高高校信息

化建设水平，提升各类信息化技术应用水平为目标，建设教育信息资源公共服务平台。因此，高校在智慧校园建设过程中，需以培养应用型人才为服务中心，积极做好信息化建设。但是就目前实际调研情况看来，各院校的信息化建设未达到建设要求，其中仅仅完成的是最基础的建设，如仅有门户网站信息系统，而就校园的其他部门而言，仅有招生系统、学生就业系统、教务系统、无纸化办公的办公自动化系统，而各部门之间信息业务往来受限于各个部门的物理位置，并未实现信息共享，因此形成"信息孤岛"现象，导致各部门工作效率低、惰性较强。所以，建立信息真正共享的云网络智慧校园意义重大。

一、高校信息化建设现状与问题

（一）顶层建设的缺乏

各院校的信息化建设根据其实际情况发展并逐步推进，尤其是在信息化技术人才缺乏的情况下，信息化的发展显得更慢。问题体现在缺少整个信息化建设的统一顶层设计，目前现有的如数字化校园的建设、高校网站群的建设、档案管理系统、办公自动化系统、图书馆管理系统等，每一类信息系统都是独立的，有的甚至利用率也较低，各管理员之间也缺乏沟通，造成系统间无互通接口，信息数据孤立。有的较简单的旧系统由于管理人员技术有限，升级等变得更为困难。因此只有将各个系统联系起来，统一由信息技术较强的管理人员进行管理，才能弱化该问题。

（二）统一身份认证的缺乏

各信息系统因管理部门的不同而出现身份认证差异、多重角色的问题，同一个用户出现多个身份账号，或者由特定部门管理员规定的账号，或者工号，又或者是自己注册的账号，导致一个人有多个账号与密码，容易丢失，安全性也不高。若是统一的初始密码没有进行及时修改，使他人根据规律破解，管理员也不容易发现问题，会造成损失。特定阶段的用户变更，对于管理员管理也极其不方便。因此，这就需要真正地统一身份，至少使用工号 / 学号进行统一识别管理。

（三）数据信息融合的缺乏

由于各系统的服务不同，信息的软硬件环境不同，特别是数据量处理频繁的部门，无论对于管理员还是用户，均存在用户使用效果体验感较低的问题。其突出表现在数据采集或上报数据信息上，教务处、人事处、各分院采集更新教职工科研信息、基本信息等，存在同一信息采集多次的现象，且导出格式、版本均可能不同，而且信息采集可能存在差异，数据的准确性不高，且数据的存储安全性能较差，丢失率也较高，这大大增加了管理人员的工作量。

（四）信息化基础设施与管理的缺乏

就目前调研情况看，信息化基础设施较弱，信息无法实时共享、查看，如校园内各区域网络覆盖不足，或者无法使用，故障较多，校园网络管理比较混乱，且网际互连协议（IP）分配不规范，重要服务器、软件等的 IP 和普通用户的没有明显区分开，导致整个管理流程较紊乱，也给维护人员带来不便。由于基础设施较弱，问题出现频繁，管理效率较低。

二、构建基于云网络的智慧校园解决方案

（一）顶层架构建设

通过对整个高校职能部门机构进行走访、座谈等方式，进行业务工作的详细调查与分析，才能做好规划工作。运用管理信息系统知识，进行统一的顶层架构建设，先对整个高校部门进行组织机构的划分，确定系统范围，然后分析业务流程，构建各大数据流程。因为职能部门业务较多，此工作任务繁重，最后得出大体的顶层概念模型、逻辑模型、物理模型等，同时构建基本技术架构、统一数据库与统一平台等。

（二）数据信息融合规范建设

要实现数据信息融合，必须制定统一规范，包括信息编码、采集、共享、存储等的规范化、科学化、统一化。这不仅能使用户使用顺畅，业务部门之间信息交流也更快速、准确、安全。充分发挥信息化带来的便捷，给各部门管理员工作带来兴趣与动力，也为各子系统的数据交流发挥潜力，挖掘更多的数据信息。

（三）提升校园网络覆盖率

以前只有有线校园网，现在已经有覆盖多处主要活动区域的无线网络，但还存在个别区域的有线未切换，或者未双重保证。所以，高校需要扩大无线网络的覆盖区域，争取达到移动网络无缝衔接，"有线网络＋无线网络"双重保障机制完全代替原有分配 IP 的管理的不足，提升办公时效性，使所有的校园网用户体验感增强，摆脱了旧式拓扑结构的局限性以及管理上的不足。

（四）成立智慧校园建设领导小组

由于智慧校园建设过程中需要以物力、资力、人力、技术等为主的必要资源，

也需要各业务部门间的全力积极配合，各种讨论会议、动员大会等伴随整个建设的过程，因此成立智慧校园建设领导小组是非常有必要的。以院发文件为准，拟定高校的智慧校园建设领导小组，包括组长、副组长、成员等，设立技术支持等工作的对接部门。

（五）建立统一的云计算门户登录系统

在校园网的环境支持下，建立统一的云计算门户登录系统，在此平台上，实现唯一认证登录，而相关部门的系统集成，无论进入哪个子系统模块，只根据唯一账号登录即可，即教务系统、人事系统、校园网管理系统、学生资助系统、图书馆管理系统等信息都可查询。并且后台可以根据用户的活跃数据进行大数据、云计算分析，实现对用户的学习、工作活动状态分析等，帮助系统更好地判断与分析数据。

（六）建立移动版访问系统

个人移动终端的普及使越来越多的用户倾向于在移动终端上完成信息的查看、共享和学习等。手机微信公众号是获取即时信息的平台之一。我们可通过建立企业微信公众号的方式，如校园办公、多媒体故障、申请教室、人事签到、请假、点名、查课表、学习视频等，满足教师、学生在内的所有用户信息需求。对于高校的门户网站可升级移动版本，适应手机等移动终端的实时访问，提高用户使用率。

（七）实现"一卡通"的智慧化

高校应用了"一卡通"，但未达到智慧化效果。各"一卡通"子系统需要连通应用，实现消费、门禁、考勤签到、图书馆、水房等的连通。同时数据可以在云平台上查询获得，才能真正实现其智慧功能。

（八）建设智慧校园的统一管理环境

建设智慧校园的云平台、校园网，就必须要搭建足够支撑整个智慧校园的中心机房环境，实现服务的统一管理、统一维护，网络安全的舆情监控以及演练预案，定期安全检测，病毒入侵防御，系统数据的备份等。

本节从目前校园信息化的不足与问题出发，指出需要重点建设的地方，然后根据相关问题，有方向性地提出解决方案，以几种方案建设的目标与效果为准指出校园智慧化所要做出的努力与发展方向，为高校的智慧校园构建提供帮助。

参考文献

[1] 吴晓如，刘邦奇，袁婷婷. 新一代智慧课堂：概念、平台及体系架构 [J]. 中国电化教育，2019（3）：81-88.

[2] 尹文芬. 信息化背景下思政课智慧课堂构建的路径研究 [J]. 改革与开放，2019（14）：106-108.

[3] 刘大虎. 信息化智慧课堂教学模式在高职院校思政课教学中的应用研究 [J]. 深圳信息职业技术学院学报，2019（6）：34-37.

[4] 孙西朝. 应用型高校智慧教育的发展与思考 [J]. 邢台学院学报，2019（2）：166-168.

[5] 沈贵庆. 大数据分析在高校智慧教育中的应用研究 [J]. 现代电子技术，2019（4）：97-100.

[6] 杨现民. 信息时代智慧教育的内涵与特征 [J]. 中国电化教育，2014（1）：29-34.

[7] 廖玉玲. "越位"之嫌引发的思考：兼谈信息化条件下基层档案室职能定位 [J]. 机电兵船档案，2014（4）：41-44.

[8] 祝智庭，贺斌. 智慧教育：教育信息化的新境界 [J]. 电化教育研究，2012（12）：5-13.

[9] 靖国平. 从狭义智慧教育到广义智慧教育 [J]. 河北师范大学学报（教育科学版），2003（3）：48-53.

[10] 黄荣怀，杨俊锋，胡永斌. 从数字学习环境到智慧学习环境：学习环境的变革与趋势 [J]. 开放教育研究，2012（1）：75-84.

[11] 宗平，朱洪波，黄刚，等. 智慧校园设计方法的研究 [J]. 南京邮电大学学报（自然科学版），2010（4）：15-19.

[12] 黄荣怀，张进宝，胡永斌，等. 智慧校园：数字校园发展的必然趋势 [J]. 开放教育研究，2012（4）：12-17.

[13] 吕倩. 基于云计算及物联网构建智慧校园 [J]. 计算机科学，2011（增刊1）：18-21.

[14] 闫羽中. 基于大数据的市级智慧教育平台的设计与实现 [D]. 长春：吉林大学，2016.